알면 만만해

알쏭달쏭 문학 개념과
문학 이해의 원리
쉽고 재미있게
만만하게!

강혜원 지음

중학 국어
소설

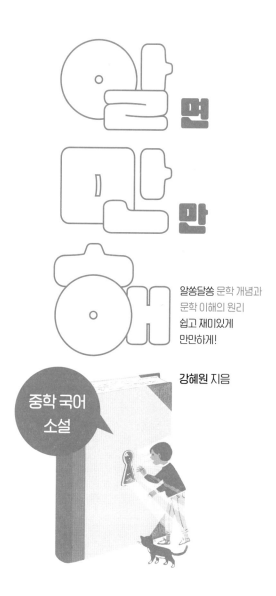

상상정원

소설 읽기와 개념 공부를
한 번에 끝내는 우리 소설 수업

사람들은 이야기를 좋아합니다. 어릴 적 우리는 엄마 품에서 알수 없는 어느 곳에서 펼쳐지는 신기한 이야기를 듣곤 했습니다. 호랑이에게 쫓기는 아이들 이야기, 마법을 배우며 악에 대항하는 소년들 이야기, 시련을 이겨 내고 행복을 맞이하는 이야기 등 수많은 이야기를 들으며 상상의 세계에 빠져 보았습니다. 손에 땀을 쥔 적도 있고, 착하게 살아야 한다는 교훈도 배웠지요.

소설은 이야기입니다. 옛이야기나 동화처럼 흥미진진한 이야기입니다. '어딘가'에서 '어떤 사람들'이 살아가고 만나면서 이루어 내는 '사건'이라는 점에서는 똑같습니다. 그러나 옛이야기나 동화보다 좀 더 생각할 게 많고 그 짜임도 촘촘합니다. 숨은그림찾기처럼 숨겨진 실마리를 찾아내야 할 때도 있고, 어떤 식으로 이야기가 전개되는지 따져 봐야 할 때도 있습니다. 그 소설이 만들어진 시대와 그 소설을 창작한 작가에 대해 더 생각해 봐야 할때도 있습니다. 때로는 어려운 표현이나 낯선 어휘들을 알아야 할때도 있고요.

이 책에서는 소설의 이모저모를 살펴보려고 합니다. 소설을 읽어 나가는 데 필요한 여러 개념을 익히게 될 것이고요. 소설이라는 이야기를 이끌어 가는 서술자에 대해서도 배우고, 소설에 등장하는 인물에 대해서도 배울 것입니다. 소설 속의 사건이 언제, 어디서 펼쳐지는지, 배경에 대해서도 알아 가지요.

누군가는 이렇게 물을지도 모릅니다. 옛이야기를 듣고, 동화를 읽는 것처럼 그냥 읽으면 안되느냐고? 그냥 재미있게 이야기에 빠지면 안 되느냐고? 그래도 우리는 감동하고, 손에 땀을 쥐고, 눈물을 흘리기도 하노라고. 맞아요. 그것이 우리가 소설을 읽는 목적입니다. 이야기 속에 빠져들어 내 삶을 돌아보기도 하고, 우리가 사는 세상을 알아 가기도 하고, 마음에 울림을 느끼기도 하는 것!

그런데 왜 이런저런 소설의 개념을 배우고, 어려운 이야기들을 나눠야 하느냐고요? 음~! 아름다운 자연 풍경을 바라보는 우리의 모습을 상상해 보세요.

'대단하구나! 자연의 신비가 경이롭구나! 가슴이 벅차오르네!'

여기서 한 걸음 더 나가 보면 어떨까요? 조금 더 경치를 살펴보면서 이 산에 핀 달맞이꽃, 하늘말나리, 망초꽃, 들국화 들이 산을 더 빛나게 하는 것을 깨달으면요? 푸른 하늘과 초록빛 산허리가 어우러져 만들어 내는 아름다움을 내 눈 가득 담으면서, 흐르는 물줄기의 쟁쟁거림을 느낄 수 있다면요? 산과 하늘과 물 가운데 내가 좋아하는 사람들이 함께 있어 그 경치가 더욱 값지게 느껴진다면요? 이 책에서 여러 가지 소설의 개념을 함께 익히는 것은 소설이 지닌 재미와 의미를 더 잘 받아들이기 위해서입니다.

이 책은 열두 편의 소설을 소개합니다. 대부분의 작품이 학교 교과서에 실려 있지요. 그리고 그 소설들을 통해 우리가 배울 수 있는 소설의 개념을 설명하고 있습니다. 소설이라는 문학의 특징, 소설의 시점, 소설의 인물, 소설의 어조, 소설의 구성 단계……. 억지로 공부해야 할 내용들로 여겨졌던 것들이 이야기 속에 녹아들어 쉽게 다가갈 수 있을 것입니다. 조금만 마음을 열고 이 책이 들려주는 이야기에 귀를 기울이면 우리가 학교에서 배우는 소설 작품도 알게 되고, 소설을 배울 때 필요한 배경 지식도 어느새 얻게 될 것입니다.

우리 부모님들이 들려주던 재미난 이야기를 듣듯 소설 이야기를 들어 가면서 그 이야기를 들려주는 서술자에 대해 배우고, 그 소설이 펼쳐지는 배경에 대해 생각하고, 이야기 속에서 울고 웃는 사람들을 만나는 것이지요.

소설의 세계에 여러분을 초대합니다. 알면 더 넓은 세상이 보이고, 알면 더 많이 느끼게 되고, 소설 공부가 부담스럽지 않고 만만하다는 생각을 하게 될 거예요.

강혜원 씀

재미있어 읽다 보니 또 다른 세상이 있었네

현진건의 〈무영탑〉을
읽으며 알아보는
소설의 특성

소설이라는 세계로 들어가는 우리 마음은 두근거린다. 거짓말 같으면서 참말 같은 또 다른 세상이 있기 때문이다. 거기에는 우리가 사는 세상과 닮은 듯 다른, 어떤 때는 전혀 상상할 수 없으나 뭔가 비슷한 세상이 있다.

오늘은 우리를 두근거리게 하는 소설, 손에 땀을 쥐게 하는 소설, 진짜 일어난 일인 듯한 소설의 윤곽을 그려 보기로 하자. 말하자면 오늘은 소설의 첫인상을 느껴 보는 날이다. 먼 나라에서 전해 오는 이야기 하나로 시작해 보자.

옛 페르시아에 샤리아르라는 왕이 있었다. 왕은 부인이 노예와 바람을 피우는 것을 보고 그 두 사람을 죽여 버린다. 왕은 분노 속에서 결심한다. 정절을 지키지 못하는 여성들을 가만두지 않겠다고. 한 처녀와 결혼하여 하룻밤 보내고, 그 다음 날에는 그 처녀를 죽이겠노라고.

이렇게 수많은 처녀가 죽어 가고, 백성들은 공포에 떨며 왕을 저주했다. 온 나라에 처녀란 처녀는 다 사라질 지경이었다. 그때 한 대신의 딸 세헤라자드는 자기가 왕과 결혼하겠다고 나선다.

세헤라자드는 왕에게 밤마다 재미난 이야기를 들려준다. 절정의 순간에 날이 새서 그 다음 날 이야기를 이어 가기도 하고, 진기하고 흥미로워 또 다른 이야기를 기다리게 만들기도 했다. 이렇게 하루 이틀 열흘 백일…… 천일이 흘렀다. 그러는 동안 왕은 왕비에게 정이 들었고 자신의 잘못을 뉘우치게 되었다. 왕비가 죽지 않았음은 물론이다.

한 번 들으면 끊을 수 없는 **재미**가 그 안에 있었다. 단지 재미만 있었을까? **다양한 삶의 모습**이 있었고, 그것은 왕을 변화시켰다. 말재주 없는 사람이 뒤죽박죽 이야기를 끌어갔다면 왕이 그 이야기에 귀를 기울였을까? 가장 손에 땀을 쥐게 하는 긴박한 순간에 '다음 회에 계속' 하는 드라마처럼 적절한 때에 끊어 주고, 뒷이야기를 궁금하게 하는 **이야기의 기술**도 있었다.

관심을 기울일 만한 내용이 아니라면 왕이 그렇게 빠졌을까? 사람들이라면 대개 궁금할 그런 이야기, 허황된 듯하면서도 **상상을 자극하는 이야기**, **마음을 울리는 이야기**들이었다.

자, 이제 우리나라의 소설 작품인 현진건의 〈무영탑〉을 이야기하며 소설의 특징을 알아가 보도록 하자.

신라 경덕왕 시절, 돌을 다듬는 일을 하는 아사달은 두 개의 탑을 짓기 위해 부여에서 경주 불국사까지 오게 되었다. 아사달은 고향에 병든 스승과 아름다운 아내 아사녀를 두고 왔기에 늘 고향을 그리워한다.

어느 초파일, 왕과 귀족들이 불국사를 방문한다. 다보탑의 정교한 아름다움에 놀라고, 아직 미완성이지만 석가탑의 장중함과 고고함에 감탄한다. 그중에는 유종의 딸 주만(구슬아기)도 있었다. 구슬아기는 아사달을 보는 순간 뜨거운 예술혼을 지닌 그의 모습에 반하고 만다.

여기까지 읽다가 우리는 고개를 갸우뚱한다. '어! 경주에 불국사가 있고, 멋진 석가탑과 다보탑이 있는 건 아는데……. 그럼 소설 〈무영탑〉은 사실이란 말인가?'

사실이 아니다. 사실이 아주 쪼끔 섞여 있지만 모두 허구이다. 역사 기록에 아사달이란 사람이 와서 탑을 깎은 일이 기록되어 있지만, 그것 말고 대부분은 작가의 상상 속에서 만들어진 것이다. 그러니까 소설은 허구이다. 실제로 없는 일을 꾸며 낸 것이다. 일부 배경이나 인물이 실제일 수도 있고, 어찌나 잘 꾸며졌는지 실제처럼 느껴지는 것도 있고, 환상처럼 여겨지는 것도 있지만 다 '허구'인 것이다.

아름다운 주만에게 마음을 둔 남자들도 많았다. 귀족 아들인 금성은 주만에게 반해 담장을 뛰어넘으려다 들키는 등 망신을 당하면서도 주만 주변에 얼쩡거린다. 남의 마음에는 아랑곳없이 들이대는 그는 당나라에 유학 갔다 온 것을 자랑삼는 한마디로 '무뇌아'였다. 주만의 아버지는 금성을 거절하고, 친구의 아우인 경신을 사위로 삼기로 결정한다. 그는 화랑의 기백을 지녔고, 인물이 멋진 사나이건만 주만은 오직 아사달 생각뿐이었다.

한편 부여의 아사녀는 경주로 떠난 지 3년이 되는 아사달을 애타게 그리워하며 지내고 있었다. 병든 아버지는 사위이며 제자인 아사달이 돌아올 때까지 버텨 내려 애썼지만 숨을 거두고 만다. 그러자 아버지의 제자들은 아사녀에게 슬슬 욕심을 내고, 그중 팽개라는 사람은 아사녀를 돌봐 주는 척하면서 아사녀를 차지하려 한다. 그의 계략을 알게 된 아사녀는 집을 뛰쳐나와 경주를 향해 간다.

멋진 인물이 있고, 간악한 인물이 있다. 인물과 인물이 사랑하고, 욕심 내고, 속이고, 엇갈리고, 고통을 겪기도 한다. 이런 인물과 사건이 없다면 우리는 어찌 소설 책장을 넘길 수 있겠는가? 여기도 저기도 그저 그런 밋밋한 사람들만 나온다면, 흥미진진한 이야기 전개도 없이 그저 맹물 같은 하루하루를 이야기한다면 어찌 소설의 끝까지 갈 수 있겠는가? 세헤라자드가 이런 식으로 이야기를 끌어갔다면 이틀도 못 가 죽음을 맞이했을 것이다. 오싹하다!

인물의 마음 상태가 느껴지고, 어떤 인물에 공감하여 그 인물이 겪는 순간순간이 생생하게 마치 **사실처럼** 다가오는 것, 그것이 또 소설이 지니는 특징이다.

자, 이야기를 계속 따라가 보자.

석가탑은 이제 마무리 단계에 있었다. 주만은 불국사를 몰래 드나들며 아사달에게 힘을 주고, 아사달도 주만의 정성과 사랑에 조금씩 마음을 연다. 이때 '무뇌아' 같은 금성이 주만의 마음을 눈치채고 주먹패들과 불국사로 들어와 행패를 부린다. 이때~ 짠, 멋진 화랑 경신이 나타나 아사달을 구해 준다.

온갖 고생 끝에 불국사 문 앞에 닿은 아사녀. 문지기에게 아사달을 만나게 해 달라고 사정하자 문지기는 탑이 완성되면 탑의 그림자가 영지라는 연못가에 비칠 테니 기다리라고 말한다. 아사녀는 문지기의 말을 믿고 영지에 가서 탑 그림자를 기다리다가 부자들에게 예쁜 여자들을 소개하는 뚜쟁이 콩콩의 속임수에 빠진다. 다행히 계략을 눈치채고 콩콩의 집에서 빠져나왔지만 우연히 주만과 하녀의 대화를 듣게 된다. 아, 아사달이 다른 여자와 살고 있는가 보다. 그렇게 오해한 아사녀는 영지에 몸을 던진다.

아사달은 아사녀가 자기를 찾아왔다가 영지에서 죽었다는 소식을 듣는다. 애절하게 아사녀를 부르며 아사녀의 환영을 쫓던 그는 돌덩어리에 아사녀의 모습을 새기기 시작한다.

한편 부여로 도망치려고 아사달을 찾던 주만은 금성의 폭로로 국법을 어긴 죄인이 되어 불에 타 죽는 벌을 받게 되었다가 경신의 도움으로 도망하게 된다.

아사달은 아사녀의 환영과 주만의 환영 속에서 괴로워하다가 두 모습이 어우러진 거룩한 부처의 모습을 새기고는 아사녀를 따라 영지 속으로 뛰어든다.

이제 우리는 〈무영탑〉의 작가처럼 느껴지는 어떤 사람이 들려준 석가탑에 얽힌 슬픈 사랑 이야기를 덮는다. 어릴 적 할머니와 엄마에게 재밌게 옛날이야기를 들었던 것처럼 이제 우리는 책을 통해 한 편의 잘 짜인 이야기를 읽었다.

시가 노래라면 소설은 이야기이다. 어떤 서술자가 해 준 이야기. 그것이 소설이고, 소설의 특징 하나가 서사성임을 또 알게 된다.

우리 주변에도 엇갈린 사랑에 울고 있는 사람이 있겠지? 이루어지지 못한 사랑에 한숨 쉬는 사람이 있겠지?

석가탑을 만들며 온몸과 마음을 불사르는 열정의 예술가 아사달처럼 악보에 음표를 그리며 아름다운 세계를 창조하는 음악가가 있을 것이다. 그 음악을 신들린 듯 연주하는 사람도 있을 것이다. 돌을 쪼고, 화폭을 채우는 미술가도 있을 것이다. 글을 통해 우리를 위로하는가 하면 더 나은 세상을 바라보게 하는 작가도 있을 것이다. 나 역시 무엇인가에 나를 바치며 열정을 불살라야지.

이렇게 한 편의 소설은 우리에게 감동을 주고, 우리 삶을 돌아보게 한다. 소설은 그런 문학 작품이다.

오늘 수업 열쇠말

1. 소설의 정의

현실 세계에서 일어날 만한 일 또는 상상한 일을 작가가 잘 꾸며 낸
이야기로 독자에게 감동을 주고 삶의 진실을 표현하는 산문 문학의 한
갈래이다.

2. 소설의 특성

허구성 사실에서 벗어나 만들어진 모양이나 이야기 등 꾸며진 요소를
가진 성질

> 소설은 허구성을 지녀. 우리가 읽은 소설들을 봐. 모두 작가가 상상하여 꾸민 거잖
> 아. 허황된 것과는 달라. 사실 같고, 진실하고, 감동을 주니까.

산문성 어떤 운율의 틀 같은 데 얽매이지 않고 자유롭게 줄글로 쓴
소설이나 수필 같은 문학이 갖고 있는 성질

> 소설을 쓸 때 우리는 대부분 줄글을 쓰지. '운문'에 대비되는 '산문'을 말해. 물론
> 운문이 포함될 때도 있지만 전체적인 흐름을 보면 줄글이잖아.

서사성 어떤 사건 등을 이야기처럼 풀어 가는 성질

> '서사'란 '이야기'야. '서사성'은 소설이 한 편의 이야기라는 의미야.

진실성 참되고 바른 성질

> 진실성이란 말은 참 어렵네. 거짓 없다는 것도 진실성이잖아. 소설의 특징인
> 진실성은 소설이 인생의 참된 의미를 추구한다는 의미로 보면 될 거야.

〈무영탑〉과 현진건

〈무영탑〉

현진건(1900~1943)의 장편 소설. 1938년 7월 20일부터 다음 해인 1939년 2월 7일까지 《동아일보》에 연재되었다. 현진건은 1929년 같은 신문에 불국사 기행을 쓰기도 했는데, 그 경험을 바탕으로 10년 뒤 〈무영탑 無影塔〉이라는 소설을 발표했다. 석가탑에 얽힌 전설을 또 하나의 예술로 승화시킨 장편 역사 소설인 셈이다.

소설의 배경은 신라 경덕왕 때로 실제 불국사는 신라 경덕왕 때 김대성이 중심이 되어 창건했고, 이때 석가탑도 지어졌다. 8세기 중엽쯤이다. 이 소설의 줄기가 되는 아사달 아사녀의 전설은 불국사 건설에 관련된 책에 실려 있다.

〈무영탑〉에는 아사달, 아사녀, 구슬아기 세 사람의 예술혼과 사랑이 얽혀 있고, 아사녀와 구슬아기의 순수한 사랑을 둘러싼 탐욕 등이 얽혀 있다. 또 금성과 경신 등을 통해 당시의 강대국이었던 당나라와의 관계를 읽어 낼 수도 있다. 현진건은 일제 강점기의 우리나라가 자주성을 가져야 한다는 생각을 이 작품을 통해 에둘러 담아냈을 것이다.

소설 속 인물의 삶은 당시의 시대 배경, 종교적 상황 등과 어우러지면서 한 편의 슬픈 이야기로 그려졌다.

현진건의 작품 세계

아사달처럼 현진건도 정교하게, 마음을 다하여 소설 작품을 썼다. 일제 강점기라는 어두운 시대에 〈무영탑〉이라는 장편 소설을 써 예술혼과 종교, 사랑, 시대 정신 등을 그려 낸 현진건. 그는 '빙허'라는 호를 가졌다. '빙허(憑虛)'란 '빈 것에 기대다, 허무에 기대다, 허구에 기대다.'라고 풀이할 수 있다. 소설이라는 허구에 기대어 삶의 진실을 표현하려 했던 작가의 모습이 그려진다.

현진건은 1900년 대구에서 태어났으며 일본 도쿄 독일어 학교를 졸업하고 중국 상하이 외국어 학교에서 공부하기도 했다. 1920년대 가난한 식민지 민중의 삶을 담아낸 〈운수 좋은 날〉, 〈고향〉, 〈불〉 등의 단편을 썼고, 〈빈처〉, 〈술 권하는 사회〉, 〈타락자〉, 〈할머니의 죽음〉 등 고발 의식이 담긴 작품들을 써 '근대 단편 소설의 선구자'로 불린다.

그의 작품에는 가난한 노동자, 시대를 힘들어 하는 지식인, 인습의 희생자가 되는 여성 등 불우한 인물들이 등장한다. 현진건 자신도 어두운 시대에 수난을 겪어야 했다. 《동아일보》 사회부장이던 1935년 베를린 올림픽 마라톤에서 손기정 선수가 우승을 했다. 월계관을 쓴 손기정 선수의 사진이 실렸는데 《동아일보》, 《조선중앙일보》의 사진에 일장기가 없었다. 이것이 바로 일장기 말살 사건이다. 이로 인해 현진건은 1년 간 감옥에 갇혀야 했다. 그 후 그는 닭을 키우기도 하고, 소설도 쓰며 지냈는데 〈무영탑〉도 그 시기의 작품이다. 1939년 〈흑치상지〉라는 역사 소설을 《동아일보》에 연재하다가 사상이 불온하다는 이유로 중단되었다. 흑치상지는 신라와 당나라 연합군에게 멸망한 백제의 부흥 운동을 일으켰던 백제의 장군이다.

많은 사람이 친일 문학을 하며 일제에 동조하던 때 현진건은 작품 활동을 하지 않고 지내다 1943년 병으로 세상을 떠났다.

✅ 확인해 볼까?

1. 다음 ☐☐ 안에 들어갈 말을 써 보자.

　☐☐은 현실 세계에서 일어날 만한 일 또는 상상한 일을 작가가 잘 꾸며 낸 이야기로 독자에게 감동을 주고 삶의 진실을 표현하는 산문 문학의 한 갈래이다.

2. 다음 글을 읽고 소설의 특성과 관련지어 이야기를 나누어 보았다. 적절한 것은?

> 이 소설은 신라 경덕왕 시대에 서라벌을 배경으로 해서 역사적 사실을 다루고 있지만, 실제의 정치적 상황과 일치하는 것은 아니다. 소설 속에 등장하는 신라의 정치적 상황은 당학파(唐學派)와 국선도파(國仙道派)의 대립 속에 있었다. 전자는 당시 권력층에 있는 금지를 필두로 한 사대주의자들로서 당의 문화를 존숭하는 정치 세력이고, 후자는 유종을 필두로 한 민족주의자들로서 외세를 물리치고 화랑의 정신을 계승하여 고구려의 고토를 회복하려는 인물들이다. 소설은 이 양 세력이 갈등을 빚는 가운데 부여의 석수쟁이 아사달이 높은 예술 정신으로 아름다운 탑을 이룩해 가는 과정을 그리고 있다.
>
> – 〈무영탑〉 (한국현대문학대사전, 2004. 2. 25., 권영민)

① 〈무영탑〉에 아사달과 아사녀, 주만이 이뤄 내는 사랑 이야기가 없었다면 소설의 '서사성'이 없어, 우리가 흥미를 덜 느꼈을 수도 있어.

② 소설은 '허구성'을 지닌다고 하는데 〈무영탑〉은 실제 역사적 상황과

일치하는 게 너무 많아서 '허구성'이라는 소설의 특성을 많이 잃어버린 것 같아.

③ 여러 인물의 삶을 다채롭게 보여 주지만 중국을 따르는 사대주의적인 인물이 있기 때문에 소설의 진실성이 훼손되었네.

④ 소설은 이야기를 담고 있다는 데서 역사와 다를 바가 없네. 역사도 인간이 살아온 자취를 담아낸 것이잖아.

⑤ 〈무영탑〉의 배경을 보면 작가의 상상이 거의 없는 사실적인 기록이라 할 수 있어.

3. 소설의 특징과 거리가 먼 것은?

① 허구성   ② 진실성   ③ 서사성   ④ 산문성   ⑤ 운율감

4. 〈무영탑〉에 등장하는 인물에 대한 설명이다. 어떤 인물인가?

1) 여인의 사랑 속에서 자신의 예술혼을 불태우는 인물이다. 철저한 장인 정신을 가진 예술가이다. (   )

2) 백제 여인으로 남편 아사달을 향한 지고지순한 사랑을 갖고 있다.
   (   )

3) 아사달의 예술혼에 마음을 빼앗겨 그를 흠모하게 되는 신라 귀족의 딸이다.
   (   )

4) 신라의 화랑으로 아사달을 구해 주기도 하며, 자주 의식을 지니고 있다.
   (   )

이야기를 들려주는 그는 누구인가?

주요섭의 〈사랑손님과 어머니〉를 읽으며 알아보는

소설의 시점

"선생님~ 첫사랑 이야기해 주세요."

공부하기 싫은 어느 비 오는 날이면 아이들이 교실에서 선생님에게 조르는 게 있다. 아이들이 멋지다고 여기는 젊은 선생님의 사랑 이야기는 더욱 궁금하다. 공부해야 한다며 교과서를 펼치던 선생님도 간절한 (공부하기 싫어서겠지?) 아이들 눈빛을 보고는 옛 추억의 감상에 젖었는지 책을 덮고 이야기를 시작한다.

"내가 대학 1학년 때 봄이었지. 어느 날 수업을 듣고 있는데 강의실 앞문이 열리고, 한 남학생이 들어왔지. 지각을 한 거야. 늦어 죄송하다며 꾸벅 인사를 하더군. 그를 본 순간 나는 깜짝 놀랐어. 수업에 들어오기 전 그 사람을 봤었거든. 어느 할머니가 무거운 폐휴지 수레를 끌고 언덕을 올라가고 계셨어. 학생들이 많았지만 다들 수업에 들어가야 하는지 학교 쪽으로 바쁘게 발길을 옮기고 있었어. 나도 그랬고. 그때 한 젊은 남자가 할머니 대신 수레를 끌어 주기 시작한 거야."

아이들은 흥미진진한 선생님의 이야기에 귀를 기울인다. 그런데 듣다가 한두 아이가 '에휴', 실망의 한숨 소리를 던졌다. 교과서를 미리 읽어 본 범생이 친구들? 선생님은 그날 배울 글의 내용을 선생님 첫사랑처럼 꾸며 이야기해 주고 있는 거였다. 선생님은

'나'를 만들어 내어 그 '나'가 우리에게 말해 주듯 이야기를 전개한 것이다.

그러니까 선생님은 소설가인 셈이었다. 그 소설가는 '나'라는 주인공을 만들어 냈다. **'나'는 소설 속 이야기를 풀어 가는 사람**이었다. 즉 **'나'는 서술자**였다. 아하, 소설 속에서 이야기를 전해 주는 사람이 서술자 또는 화자로구나. 소설가(선생님)가 서술자처럼 느껴졌었는데 아니구나. 서술자 '나'는 선생님인 것 같았지만 선생님이 만들어 낸 사람이었다.

오늘은 주요섭의 〈사랑손님과 어머니〉를 이야기하면서 소설의 서술자, 소설의 시점에 대해 공부해 보기로 하자.

소설은 이렇게 시작한다.

> 나는 금년 여섯 살 난 처녀애입니다. 내 이름은 박옥희구요. 우리 집 식구라고는 세상에서 제일 이쁜 우리 어머니와 단 두 식구뿐이랍니다. 아차, 큰일 났군, 외삼촌을 빼놓을 뻔했으니…….

아니, 이 소설을 여섯 살 난 아이가 쓴 거야? 첫 부분을 읽으며 이렇게 놀랄 사람이 있을까? 앞에서 '선생님의 첫사랑 이야기'를 잘 읽은 사람은 그런 생각을 하지 않는다. 아하, 작가는 여섯 살 옥희라는 아이를 통해 이야기를 들려주고 있구나! 금방 이해하게 된다. 즉 옥희는 여섯 살 아이로 이 이야기를 이끌어 가는 서술자인 셈이다. 그러니까 이 소설의 서술자가 '나', 소설 속에 나오는 인물이고, 소설의 시점은 1인칭 시점이다. 소설의 줄거리를 따라가 보자.

나(옥희)의 어머니는 스물네 살의 과부이다. 아버지는 내가 세상에 태어나기도 전에 돌아가셨다. 어느 날 아버지의 옛날 친구라는 사람이 사랑방에서 지내게 된다. 동네 학교 교사로 오게 되었기 때문이다.

아저씨는 나를 귀여워해 준다. 가장 좋아하는 음식도 나와 똑같다. 삶은 달걀. 어머니에게 그 이야기를 하자 어머니는 삶은 달걀을 많이씩 사 놓곤 했다.

어느 날 나는 유치원에서 풍금을 보았고 우리 집에도 똑같은 것이 놓여 있는 게 생각났다. 어머니에게 풍금을 쳐 보라고 하니까 아버지 돌아가신 후로 뚜껑도 안 열어 보았다며 얼굴이 흐려진다.

아저씨는 가끔 내게 이것저것 묻는다. '어머니도 옥희처럼 곱지?'라며……. 그래서 내가 엄마를 보러 들어가자니까 펄쩍 뛰며 바쁘다고 한다. 내가 보기엔 그리 바쁜 것 같지도 않은데…….

어느 토요일 나는 아저씨와 함께 뒷동산에 놀러 갔다가 유치원 동무들을 만났다. '옥희가 아빠하고 어디 갔다 온다.'는 아이들 말에 나는 아저씨가 우리 아버지였으면 좋겠다고 생각하고 그 말을 아저씨에게 했다. 아저씨는 얼굴이 빨개져서 그런 소리 하면 못쓴다고 말하는데 목소리가 떨렸다. 나는 아저씨가 성이 났다고 생각하고는 어머니가 이것저것 묻는데 울기만 한다.

예배당에 갔을 때도 어머니와 아저씨 둘 다 이상했다. 아저씨는 내게 어디 가냐고 묻더니만 교회에 나와 있고, 누구를 찾는지 기도 시간에도 두리번거리고 있다. 아저씨가 왔다는 말에 어머니는 얼굴이 빨개지고 몸이 굳어 있는 거였다.

벽장에 숨어 어머니를 놀라게 한 게 미안해서 유치원 선생님 책상에 있는 꽃을 가져다 어머니에게 준 날, 나는 그 꽃을 아저씨가 준 거라고 둘러댔다. 어머니 얼굴은 꽃보다 더 붉어졌다. 그리고 그 꽃을 찬송가 책에 고이 끼워 둔다. 그날 내가 아저씨 방에 놀고 있을 때 어머니는 한 번도 치지 않았던 풍금을 치며 노래를 불렀다.

옥희는 여섯 살이어서 정확히 모르는 게 많다. 집안 내력도 이야기를 뭉뚱그려 어슴프레하게 전해 준다. 엄마와 아저씨의 행동에 대해서도 다르게 판단한다. '내 말에 성난 것 같다.', '왜 얼굴이 빨개지지?' 독자들은 눈치 없는 듯한 어린아이의 말에 이것저것 상상하기도 하면서 더 큰 재미를 느낄 것 같다.

그럼, 이 이야기의 주요 인물(주인공)은 옥희일까? 옥희의 눈을 통해 보이는 어머니와 아저씨가 이 소설의 주요 인물인 듯하다. 교회에서 어머니의 모습을 찾는 아저씨의 모습, 아저씨가 꽃을 줬다고 거짓말할 때의 어머니의 행동, 풍금을 치는 어머니의 모습

등등, 옥희의 눈을 통해 보이는 두 사람의 행동과 그것에서 느껴지는 두 사람의 미묘한 감정 등. 그렇다, 주인공은 사랑손님(아저씨)과 어머니이다.

그러니까 이 소설은 어린아이 서술자가 어머니와 아저씨의 이야기를 들려주는 **1인칭 관찰자 시점**의 소설이다.

어느 날 아저씨가 엄마 갖다 주라고 흰 봉투를 준다. 밥값이 들어 있다고. 그런데 그 봉투에는 밥값 말고 다른 종이(편지)가 들어 있었다. 어머니는 얼굴이 새하얗게 질렸다가, 정신 나간 사람처럼 멍하다가, 숨이 차 보였고, 병이 난 듯했다. 내 뺨에 입을 맞추는 입술은 뜨거웠다. 자다 깬 나와 함께 어머니는 주기도문을 왼다. '시험에 들지 말게 하옵시고'를 여러 번 반복한다.

어머니의 모습은 좀 이상했다. 가끔씩 풍금을 타다가 울기도 했고, 나를 안고는 "옥희 너 하나면 그뿐이다."라는 말을 여러 번 한다.

얼마 뒤 어머니가 아저씨에게 갖다 주라는 손수건이 있었는데 안에는 사각거리는 종이(편지?)가 들어 있는 것 같기도 했다. 그리고 그 이후 아저씨는 뭔가 근심스러워 보였다. 그러다가 기차 타고 멀리 간다고 짐을 꾸리는 거였다.

어머니와 나는 뒷동산으로 올라간다. 마침 기차가 지나갔다. 그 안에는 아저씨가 탔을 것이다. 기차에서 나는 연기가 흩어져 없어질 때까지 어머니는 서 있었다. 찬송가에 끼워 두었던 꽃을 빼서 내다 버리라고 했다.

　달걀 장사가 오자 "이젠 우리 달걀 안 사요. 달걀 먹는 이가 없어요."라고 말한다. 어머니의 맥없는 모습과 새파래진 얼굴을 보고 나는 떼를 쓰려다가 멈춘다.

　책을 덮으며 마음이 아릿해진다. 가슴이 서늘해지는 애틋한 사랑 이야기가 아닌가! 옥희의 눈을 통해 그려지고 있기에 보일 듯 말 듯 전개되는, 안타깝고 슬픈 사랑 이야기가 아닌가? 두 사람은 직접 마주하지도 못한 채 마음을 주고받은 것이다.

　이 소설을 **1인칭 주인공 시점**으로 바꿔 보면 어떻게 될까? 어머니의 시점에서 풀어 나간다고 해 보자. 아저씨의 편지를 받는 장면을 어머니 시점으로 써 보자.

　"나는 망설이다가 이를 악물고 그 편지를 펼쳤다. 그래, 더 이상 피할 수 없다. 글을 읽으며 나는 그의 마음을 헤아리고 있었다. 나를 향한 뜨거운 연모의 마음이 그 안에 담겨 있다. 편지를 든 내 손은 와들와들 떨리고 있었다. 심장은 폭발할 것 같았다. 누군가의 사랑에 답하고 싶은 마음이다. 점점 뜨거워지는 내 손, 내 입술이 그 마음을 표현하고 있다."

옥희가 관찰자로 서술할 때는 더 많은 상상을 할 수 있었고 뭔가 맑고 순수한 느낌이었는데, 어머니 시점으로 바꾸니 15금 영화 같다.

그럼, 기차가 떠나는 장면을 **3인칭 시점**으로 바꿔 보자. 어머니 이름을 선희, 아저씨 이름을 중기라 해 볼까.

선희는 딸의 손을 잡고 뒷동산으로 올라갔다. 기차 정거장이 빤히 보이는 곳이다.

"엄마, 저 정거장 봐, 기차는 없네."

선희는 가만히 기차를 바라보기만 한다. 중기와의 짧은 만남이 선희의 마음속에서 파노라마처럼 지나갔다. 마음은 울고 있었지만 그의 얼굴은 다른 때보다 한층 이쁘게 보였다.

3인칭 서술자는 엄마의 속마음까지 다 아는 듯 서술한다. **전지적 작가 시점**이다. 기차를 바라보는 엄마와 옥희의 대화, 외양 등만 서술하고 있다면 **3인칭 관찰자 시점**일 것이다.

안타까움을 남기고 〈사랑손님과 어머니〉는 끝나지만 우리는 몇 가지 더 생각해 보기로 하자. 줄거리를 이야기하며 줄 친 것들이다.

옥희 너 하나면 그뿐이다.

몇 번이고 반복된 어머니의 말이다. 어머니의 갈등이 담겨 있고, 어머니의 결심이 담겨 있는 말이다.

삶은 달걀, 꽃, 풍금, 편지

두 사람의 마음이 담긴 소재들이다. 특히 어머니의 마음이 담겨 있다. 아저씨가 삶은 달걀을 좋아한다는 말에 어머니는 달걀을 많이 산다. 그가 떠나고 나서 달걀 먹을 사람이 없다며 달걀을 사지 않는 어머니의 모습에서 따뜻한 마음이 담긴 달걀이 쓸쓸한 이별로 마무리되었음을 볼 수 있다.

꽃은 그 꽃을 아저씨가 줬다는 옥희의 거짓말에서 시작되긴 했지만, 아저씨를 향한 어머니의 소중한 마음이었음을 보여 주는 소재이다.

풍금은 어머니와 아저씨의 마음이 소리와 가락을 따라오고 가게 한 소재이다. 어머니는 풍금을 타며 자기 마음을 표현했고, 아저씨는 그 선율을 들으며 어머니의 마음과 자신의 마음을 헤아렸을 것이다. 편지는 직접적으로 두 사람의 마음이 오고 간 소재이다. 사랑의 고백과 안타까운 거절이 그 편지들을 통해 오고 갔을 것 같다.

옥희의 눈을 통해 모든 것이 베일에 쌓인 듯 우리에게 전해졌다. 그래서 더 안타깝고 아름다워 보였나 보다.

1. 소설의 서술자

소설에서 이야기를 해 주는 사람, 화자라고도 한다. 작가처럼 여겨질 때도 있으나 작가=서술자는 아니다. 작품에 직접 드러나든, 드러나지 않든 작가가 창조한 인물이다.

2. 소설의 시점

소설에서 사건이나 인물의 성격, 행동 등을 누구의 눈으로 바라보고 있는가를 '소설의 시점'이라고 한다.

1인칭 주인공 시점	소설 속 '나'가 주인공으로 '나'의 이야기를 말하는 시점 예) 김유정 〈봄봄〉, 〈동백꽃〉
1인칭 관찰자 시점	소설 속 '나'가 관찰자의 입장에서 소설 속 다른 인물이 주인공으로 활동하는 사건을 이야기하는 시점 예) 주요섭 〈사랑손님과 어머니〉
3인칭 관찰자 시점	소설 밖의 서술자가 소설 속 인물들의 이야기를 객관적 입장에서 전해 주는 시점 예) 황순원 〈소나기〉
전지적 작가 시점	작가가 모든 것을 아는 듯한 (전지 전능한) 위치에서 인물의 과거, 속마음 등을 서술하는 시점 예) 현진건 〈무영탑〉

🔍 〈사랑손님과 어머니〉와 주요섭

〈사랑손님과 어머니〉

1935년 《조광》 지에 발표된 단편 소설. 여섯 살 옥희가 서술해 가는 1인칭 관찰자 시점의 소설로, 1930년대 어느 시골 마을이 배경이다. 남편과 사별한 옥희 어머니와 남편의 어릴 적 친구인 사랑손님이 서로 그리워하는 감정을 갖게 되지만 옥희 어머니는 그 감정을 억눌렀고 두 사람은 이별한다.

1930년대 우리나라에는 자유연애도 널리 퍼졌고, 과부가 다시 결혼하는 일이 금지된 시절도 아니다. 그러나 여성의 정절을 강조하는 유교적인 인습은 여전히 남아 있었다. 자신이 누군가를 사랑하여, 그로 인해 다른 사람의 질타를 받고 딸에게도 그것이 미칠까 염려하는 마음이 어머니에게도 있었을 것이다. 여러 사연과 인연을 지닌 두 남녀의 사랑과 갈등, 여러 상황으로 헤어지게 되는 이야기가 어린아이의 눈을 통해 전개되기에 더 아름답고 안타깝게 느껴지는 것 같다.

주요섭의 작품 세계

주요섭(1902~1972)은 작가, 언론인, 대학 교수 등으로 활동했다. 일본에서 공부하다가 3·1 운동이 일어나자 귀국하여 지하신문을 만들다가 감옥에 수감되기도 했다. 이후 중국과 미국에서 공부했다.

작품 활동 초기에는 〈추운 밤〉, 〈인력거꾼〉 같은 가난한 사람들의 비참한 생활을 생생하게 그려 냈다. 이후 〈사랑손님과 어머니〉, 〈아네모네 마담〉 등 사랑이나 미묘한 심리 등을 섬세하게 그려 냈고, 해방 후에는 혼란한 사회상을 비판한 작품을 쓰기도 했다.

 확인해 볼까?

1. 소설 속에서 이야기를 진행하는 사람을 (   )라 한다.

작가와 서술자는 (일치한다, 일치하지 않는다).

2. 서로 맞는 것끼리 줄을 그어 보자.

소설 속 '나'가 주인공으로 '나'의 이야기를 말하는 시점	1인칭 관찰자 시점
소설 속 '나'가 관찰자의 입장에서 소설 속 다른 인물이 주인공으로 활동하는 사건을 이야기하는 시점	1인칭 주인공 시점
소설 밖의 서술자가 소설 속 인물들의 이야기를 객관적 입장에서 전해 주는 시점	전지적 작가 시점
작가가 모든 것을 아는 듯한 (전지 전능한) 위치에서 인물의 과거, 속마음 등을 서술하는 시점	3인칭 관찰자 시점

3. 다음은 〈사랑손님과 어머니〉의 마지막 부분이다. 옥희가 서술해 가는 1인칭 관찰자 시점으로 전개되고 있다. 서술자를 어머니로 바꾼다면 어떤 시점의

변화와 서술상 변화가 올지 써 보자.

> "이젠 우리 달걀 안 사요. 달걀 먹는 이가 없어요." 하시는 어머니 목소리는 맥이 한 푼어치도 없었습니다.
>
> 나는 어머니의 이 말씀에 놀라서 떼를 좀 써 보려 했으나 석양에 비치는 어머니 얼굴을 볼 때 그 용기가 없어지고 말았습니다. 그래서 아저씨가 주신 인형 귀에다가 내 입을 갖다 대고 가만히 속삭이었습니다.
>
> "얘, 우리 엄마가 거짓부리 썩 잘 하누나. 내가 달걀 좋아하는 줄 잘 알문서 생 먹을 사람이 없대누나. 떼를 좀 쓰구 싶다만 저 우리 엄마 얼굴을 좀 봐라. 어쩌문 저리두 새파래졌을까? 아마 어데가 아픈가 보다." 라고요.

4. 다음 소설의 시점은 무엇이며, 그렇게 생각한 까닭을 써 보자.

> 익호라는 인물의 고향이 어디인지는 XX촌에서 아무도 몰랐다. 그는 여(余:'나'에 해당하는 옛말)가 XX촌에 가기 일 년 전쯤 빈손으로 이웃이라도 오듯 후다닥 XX촌에 나타났다 한다. 생김생김으로 보아서 얼굴이 쥐와 같고 날카로운 이빨이 있으며 눈에는 교활함과 독한 기운이 늘 나타나고 있으며, 발록한 코에는 코털이 밖으로까지 보이도록 길게 났고, 그 몸이나 얼굴생김이 어디로 보든 남에게 미움을 사고 근접치 못할 놈이라는 느낌을 갖게 한다.
>
> 그의 장기(長技)는 투전이 일쑤며, 싸움 잘하고, 트집 잘 잡고, 칼부림 잘하고 색시에게 덤벼들기 잘하는 것이라 한다.
>
> – 김동인, 〈붉은 산〉 중에서

그
사람이어서
더 생생해

전광용의 〈꺼삐딴 리〉를
읽으며 알아보는
소설의 인물

드라마나 영화를 볼 때 마음을 사로잡는 주인공이 있다. 꼭 착하고 멋지기 때문이 아니다. 선한 역이든, 악역이든 화면을 뚫고 나올 듯, 내 주변에 살아 움직이듯, 강한 인상을 주기 때문이다. 주인공이 아닌데 우리 시선을 사로잡는 인물도 있다. 그런 인물을 '신 스틸러(scene stealer)'라고 한다. '장면을 훔치는 사람'.

우리가 좋아하는 마블 히어로(marvel hero, 놀라운 주인공)가 그 이름에 맞지 않게 능력 발휘를 못 하거나 영웅적인 모습을 보여 주지 못한다면 얼마나 실망할까? 사랑 이야기의 주인공이 매력도 없고, 사랑스럽지도 않다면? 우리 가슴은 쿵쾅거리지도, 설레지도 않을 것이다. 악한이랍시고 등장했는데 말하는 것도 어리벙벙하고, 눈빛은 축 처져 있고, 공포감을 주지도 않고, 사악하게 여겨지지도 않는다면 또 얼마나 재미없을까. 그래서 소설이든, 드라마든 생생함을 주는 인물이 중요하다.

자, 전광용의 〈꺼삐딴 리〉를 읽어 보면서 소설의 인물에 대해 생각해 보자.

외과 의사 이인국 박사의 병원은 다른 병원보다 진료비가 배나 비싸다. 그 대신 병원은 먼지 하나 없이 깨끗하고, 그의 솜씨는 뛰어나다는 평을 받고 있다. 권력층이나 부자들의 진료에는 힘을 아끼지 않는다. 자연히 병원의 주요 고객은 그런 사람들이다.

그의 세상 사는 방법은 일제 식민지 시대부터 계속되어 온 것이다. 그는 시의원이기도 했고, 집에서도 일본어를 사용하는 철저한 친일 행동으로 '국어(일본어) 상용의 집'이라는 칭찬을 듣곤 했다. 해방 직전에는 감옥에서 병으로 나온 독립운동가의 치료를 거절하기도 했다.

이인국 박사는 이 소설의 **중심 인물**, 즉 **주인공**이다. 근데 좀 이상하다. 진료비도 많이 받아먹고, 힘깨나 있는 사람만 치료해 준다. 어, 일제 강점기에 시의원을 지내고, 독립운동가의 치료를 거절해? 이거 문제 많은 인간이네.

소설의 인물은 특히 주인공은 좋은 의미든 나쁜 의미든 세상의 문제를 한 몸에 지닌 '문제적 인간'일 수밖에 없다. 〈무영탑〉 속의 아사달은 인간의 예술혼과 사랑이라는 문제를 지니고 혼신의 열정을 불태웠다. 홍길동은 모순된 사회 속에 태어난 서자이다. 차별이라는 그 사회의 문제를 지니고 고민하면서 여러 사건에 휘말렸다. 그럼, 이인국은 어떤 문제를 지닌 인간일까?

1945년 8월, 해방이 되고 북한에는 소련군이 주둔한다. 이인국은 친일파였기에 감옥에 갇히게 된다. 그러나 그는 자기에게 주어진 기회를 놓치지 않았다. 의사라는 직업을 충분히 활용하였을 뿐 아니라 러시아말을 '생명의 열쇠나 되듯' 공부했다. 그리고 소련군 장교인 스텐코프의 혹 수술에 성공하여 감옥에서 풀려나올 뿐 아니라 최상급의 대우를 받는다. '우두머리', '왕초', '최고'라는 의미의 영어 '캡틴(captain)'에 해당하는 소련어로 '꺼삐딴 리'라는 별명을 얻기까지 한다.

그러니까 이인국은 배신과 변절이라는 문제를 우리에게 제시하는 인간이다. 이인국이 하는 짓은 참 얄밉다. 그는 부정적인 면에서 '한결같은' 사람이다. 일관되게 자기 이익을 추구하고, 세상이 굴러가는 데 잘 맞춰서 살아간다. 변절과 배신의 아이콘, 배신자의 전형이다. '배신자라면 이 정도는 돼야지.'라는 말이 절로 나올 인물, 배신자 그룹의 전형적인 인물이다.

우리 주변에도 전형적인 인물이 있다. 수업 시간에 조는 일 없고, 성적은 늘 상위권이고, 쉬는 시간에도 공부하고, 방과 후에는 도서관에서 공부하는 친구가 혹시 주변에 있을까? 안경을 썼을 수도 있다. 어떤 친구들은 그를 '범생이'라 흉보기도 한다. 그 친구는 바로바로~ 모범생의 전형이다.

또 다른 친구. 그는 이른바 '날라리' 친구들과 어울려 놀기도 하고, 춤도 멋들어지게 추고, 수업 시간에는 졸기도 한다. 그런데 공부는 또 엄청 잘 하고 독서도 많이 한다. 그를 뭐라 불러야 할지 잘 모르겠다. '범생이'도 아니고 '노는애, 날나리'도 아니고……. 참 독특하다. 어떤 테두리에 넣기가 힘들다. 아하, 전형적 인물에 대비되는 개성적 인물이구나!

다시 이인국 박사를 보자. 그는 하는 짓이 참 변화무쌍하다. 일제 강점기에 집안에서도 일본어를 써 표창을 받고 '온 집안이 무슨 큰 경사나 난 것처럼 기뻐들 했었다.'는 것이나 '생명의 열쇠나 되는 듯이 초보 노어(러시아어) 책을 거의 암송하다시피 했다.'는 것, 미국인에게 고려청자를 바치면서 자책감은 고사하고 하찮게 여길까 봐 걱정하는 것 등등. 변화에 변화를 거듭하는 인간이다. 와? 입체적 인물이 아닌가!

〈꺼삐딴 리〉의 이인국은 주인공 자리를 차지한 주요 인물이며, 사건을 이끌어 가는 주동 인물이다. 그리고 이인국과 대립하는, 즉 반동 인물이라 할 만한 특별한 인물은 없다. 그는 변절자의 본보기라 할 만한 전형적 인물이다. 또 일본에 아부하는 친일파였다가, 소련에 몸 조리는 친소파였다가, 미국에 굽신거리는 친미파로 변모하는 입체적 인물이다. 어떤 사람들은 상황에 따라 늘 변절하는 모습을 보이니 평면적 인물이라고 이야기하기도 하지만 친일, 친소, 친미로 태도가 변화한다는 점에서 입체적 인물로 볼 수 있을 듯하다.

인물의 특징을 잘 보여 주기 위해 작가는 〈꺼삐딴 리〉라는 별명을 붙여 주었다. 비웃음의 시작이다. 작품 속에서 현재에 해당하는 시간은 전쟁이 끝난 지 몇 년 뒤이다. 그 당시라면 미국이 세력을 잡고 있었기에 미국에 아첨하는 사람답게 '캡틴 리'여야 하겠지만 작가는 소련식 발음인 '꺼삐딴 리'를 제목으로 삼고 있다. 뒤틀린 시대와 인생처럼 제목도 그렇다. 꺼삐딴도 까삐딴이 잘못 발음된 것이다.

1·4 후퇴 때 월남하여 병원을 차린 이인국은 특유의 처세술로 금방 돈을 모으고, 이제는 미국 대사관의 인물에게 아첨을 하며 자기 살 길을 찾는다. 아들을 소련에 유학 보냈던 것과 마찬가지로 딸을 미국으로 유학 보낸다. 소련어 배우기에 그토록 열심이던 이인국은 이제 영어 배우기에 심혈을 기울이고, 미 대사관 실력자에게 고려청자까지 갖다 바친다.

"그 사마귀 같은 일본놈들 틈에서도 살았고, 닥싸귀 같은 로스케 속에서도 살아났는데, 양키라고 다를까……. 혁명이 일겠으면 일구, 나라가 바뀌겠으면 바뀌구, 아직 이 이인국의 살 구멍은 막히지 않았다. 나보다 얼마든지 날뛰던 놈들도 있는데, 나쯤이야……."

미국인 브라운의 집을 나서며 그렇게 중얼거리는 이인국은 세상이 어떻게 되든 자기의 미래는 걱정 없다고 생각한다.

(닥싸귀-도꼬마리 풀, 로스케-러시아인을 낮춰 가리키는 말, 루스키라 는 발음인데 일본인이나 한국인이 로스케라고 낮춰 불렀다.)

자신의 이익에 따라 이쪽에 붙었다 저쪽에 붙었다 하는 사람을 박쥐 같은 사람이라 한다. 카멜레온 같다고도 말한다. 카멜레온은 도마뱀처럼 생겼는데 주위 환경, 명암, 온도의 변화 등에 맞춰 몸 색깔을 바꾼다. 긴 혀를 물고 있다가 먹이가 나타나면 길게 뻗기 도 한다.

자, 다음 사람이 누구인지 한 번 맞춰 보자. 이 사람은 실제 인물 이다.

- 육영 공원에 입학하여 영어 등 근대식 교육을 받고 일 년 정도 미국에 머무른 후 귀국하여 대미 외교의 일인자가 된다. '미잘 알'이었다. (미국을 잘 알고 있는 사람)
- 1896년 2월 11일 알렌의 후원하에 이범진 등과 공모하여 고종 을 러시아 공관으로 피신하게 한다. (친러파)
- 독립 협회에서 활동하면서 회장직을 맡기도 했다. (무늬는 독립운동가)

- 전북 관찰사 일을 하면서 부정 축재 등으로 파면당할 처지가 되기도 하지만, 잘 피해 간다. (부패한 관리)
- 러·일 전쟁에서 일본이 승리하자 친일파로 변모한다. 1905년 일본이 외교권을 가져간 을사조약에 적극적으로 찬성한다. (나라의 역적인 셈)
- 1907년 헤이그 밀사 사건이 있자 고종의 양위를 주도한다. (충직한 신하가 아니네.)
- 의병장들의 처벌을 순종에게 강력 요구한다. (어느 나라 사람?)
- 내각총리 대신으로 사법권을 일본에 넘기는 각서에 서명한다.
- 1910년 왕과 대신들이 함께 한 회의에서 한일병합을 이끌어 낸다. (결국은 나라를 말아먹다니)
- 일본으로부터 백작, 후작 등의 작위를 받는다. 엄청난 사례금도 받는다. (명예와 부를 얻었네!)
- 죽을 때 그는 이런 말을 했다.
  "힘 없는 다리를 부축해 달라고 남에게 부탁한 것이 어떻게 나라를 팔아먹은 일이라고 매도당해야 하는가?", "앞으로 미국이 득세한다. 너는 친미파가 되거라."(뼛속까지 변절자)

을사오적(을사년 1905년의 도적), 정미칠적(정미년 1907년의 도적), 경술국적(경술년 1910년의 도적) 등으로 불리는 이 사람은 바로 바로 이완용이다. 놀랍지 않은가? 이인국은 이 인물과 너무나도 닮

앉다. 현실 속에서 배신을 거듭하는 인물을 보며 분노하는 우리는 그것을 생생하게 다시 구성해 낸 소설에 감탄한다. 이인국 같은 사람을 그려 냈기에 우리는 변절이라는 게 무엇인지, 변절자의 삶이 얼마나 너저분하고 우스꽝스러운지 너무도 생생하게 느끼는 것이다.

물론, 소설의 인물 중에는 다른 유형도 많다. 춘향 같은 절개의 인물형도 있다. 바보인 듯하지만 실상은 지혜로운 인물도 있다. 차가운 피를 가진 것 같은 냉혈한도 있다. 지킬박사와 하이드처럼 선과 악을 오가는 인물도 있다. 아름다운 얼굴이나 간사한 말로 사람을 유혹하는 유혹자도 있고, 이랬다저랬다 하는 마음 약한 인간도 있다.

우리가 재미있게 본 영화나 드라마 속 인물을 하나하나 떠올리면서 그 인물들은 어떤 인물인지 표현해 보자. 이 세상을 살아가는 다양한 인간형을 배우게 될 것이다.

자기 이해관계에 따라 자신의 모습을 바꾸며 자기 이익에 민감한 사람들을 우리 주변에서 종종 발견한다. 그런 사람들은 눈앞의 이익을 결코 놓치지 않고 현실적으로 성공하는 듯 보이기도 한다. 그러나 절개도 지조도 없이 이랬다저랬다 하는 사람이 성공한 삶을 산 것일까? 전광용의 소설 〈꺼삐딴 리〉는 이인국이라는 인물을 통해 이 같은 물음을 던지며 우리에게 답을 구하도록 한 소설이다.

오늘 수업 열쇠말

소설의 인물(character)

소설에 등장하는 사람 혹은 캐릭터(동물이나 어떤 사물일 수 있음). 이러저러한 성격과 개성을 지니고 있다. 어떤 점을 기준으로 하느냐에 따라 다른 가름을 할 수 있을 것이다.

중요도에 따라 중심 인물 / 주변 인물

주인공을 '중심 인물'이라 하고, 그 밖의 인물을 '주변 인물'이라 한다.

성격 변화에 따라 평면적 인물 / 입체적 인물

〈상록수〉의 영신과 동혁은 처음부터 끝까지 농촌 계몽을 위해 애쓴다. 평면적 인물 유형에 속한다. 〈감자〉의 복녀는 염치를 아는 사람이었다가 점점 타락해 가는 입체적 인물이다.

성격 유형에 따라 전형적 인물 / 개성적 인물

사회의 어떤 집단이나 직업 또는 계층을 대변하는 듯한 인물을 '전형적 인물'이라 하고, 일정한 틀에 얽매이지 않는 인물을 '개성적 인물'이라 한다.

역할에 따라 주동 인물 / 반동 인물

〈춘향전〉에서 춘향이가 사건을 이끌어 가는 '주동 인물'이라면 변학도는 춘향이 가는 길을 방해하고 힘겹게 하는 '반동 인물'이다.

〈꺼삐딴 리〉와 전광용

〈꺼삐딴 리〉

1962년 《사상계》 7월호에 발표된 단편 소설이다. 카멜레온처럼 자기 변신을 거듭하는 이인국을 '꺼삐딴 리'라고 표현하고, 우스꽝스럽게 만들면서 비판하고, 또 그런 인물이 활개 치는 세상도 비판한다. 개인이나 사회의 모순과 부조리를 비웃듯, 빈정대듯, 빙 둘러 비판하는 풍자가 이 소설의 특징적인 표현 기법이다.

또 소설은 현재 상황에서 과거의 순간들을 회상하는 형태로 서술되고 있다. 역순행적 구성이다. 현재-과거-현재를 오가며 현재의 성공-해방 직후의 불안-해방 직전의 친일 행동 회상- 해방 직후 소련군 치하의 위기와 친소 행적 회상-현재 미국에 아부하는 행동 등을 그려 낸다. 따로 따로 촬영한 필름이 하나로 이어지는 몽타주 기법처럼 각 시대의 여러 상황이 하나로 이어지면서 이야기가 전개되는 것이다.

이런 서술 방법은 인물을 희화화(우습게 그려 내기)하기에 적절하다. 현재의 이인국은 역사의 위기를 자기 나름대로 슬기롭게(실은 치사스럽게) 넘기고 부를 축적하고 희망에 부푼 상태이다. 그런 상태에서 아찔했던 과거의 순간들을 쭉 회상하며 의기양양하는 모습은 독자의 비웃음을 살 만하다.

전광용의 작품 세계

전광용(1919~1988)은 1919년에 함경남도 북청에서 태어났다. 호는 백사(白史)이다.《동아일보》신춘문예에 동화 〈별나라 공주와 토끼〉가 당선되어 작가의 길에 들어섰으며, 서울대 교수 등을 지내며 소설 연구와 창작에 힘썼다.

그의 대표작은 〈꺼삐딴 리〉이다. 작가가 해방 뒤부터 쓰고 싶었던 인물이었다고 한다. 19세기 말~20세기 초의 조선, 일제 강점기 시대, 미국과 소련이 서로 힘겨루기를 하던 해방 직후와 한국 전쟁 전후……. 우리 역사는 격동의 역사였고, 늘 외세의 입김 속에서 위태위태했었다. 그 시대에 변절을 거듭한 인간들이 많았다. 작가이며 연구자였던 전광용은 뒤틀린 시대와 인물을 그려 내고 싶었을 것이다.

그는 한 개인의 삶을 잘 보여 주는 〈주봉 씨〉, 〈곽 서방〉 같은 작품을 쓰기도 했다. 1984년 정년 퇴임 뒤 1988년에 세상을 떠났다.

 확인해 볼까?

1. 다음 ☐ 안에 적절한 말을 넣어 보자.

소설을 구성하는 세 가지 요소는 ☐☐, 배경, 사건이다.

2. 소설 〈꺼삐딴 리〉에 대한 설명으로 적절하지 않은 것은?

① 인물을 희화화하며 에둘러 비판하는 풍자의 기법을 취하고 있다.

② 현재 상황에서 과거의 순간들을 회상하는 형태로 서술되고 있는 역순행적 구성의 소설이다.

③ 일제 강점기와 해방 이후 시기를 배경으로 하고 있다.

④ 카멜레온처럼 시대에 따라 변하는 인물의 고뇌를 그려, 그 인물에 공감하게 한다.

⑤ 하나의 사건이 일관되게 이어진다기보다 인물의 여러 행적이 작품을 구성한다.

3. 〈꺼삐딴 리〉의 이인국 박사에 대한 다음 설명에 맞으면 O, 틀리면 X로 표시해 보자.

1) 이인국은 이 소설의 주인공이다. (   )

2) 이인국은 긍정적 유형의 인물이다. (   )

3) 이인국은 변절자의 전형적 유형을 보여 준다는 점에서 전형적 인물이다.
(   )

4. 〈꺼삐딴 리〉처럼 시대에 변절하는 인물의 예를 소설 작품이나 역사 속에서 찾아 소개해 보자.

겉도 보고
안도 보고
말해 주고
보여 주고

이효석의 〈메밀꽃 필 무렵〉을
읽으며 알아보는
인물 제시 방법

중학생 몇 명이 모여 친구 뒷담화를 하고 있다.

"야, 길동이 말야. 왜 그렇게 생겼냐. 눈이 방울처럼 툭 튀어나오고, 얼굴은 왜 그리 넙대대하냐. 키만 삐죽 커서 참 볼품없다."▲

"길동이 자식 뭐 그리 뻣뻣해. 웃으면서 인사할 줄도 몰라요. 이 형님(?)한테. 왜 그러는지 알아? 열등감 범벅이라 그래. 열등감 쩌는 애들이 겉으로는 잘난 체하거든." ●

그들은 길동이 뒷담화를 하고 있다. 지나가다 그 이야기를 듣게 된 심청이. 청이는 그날 이 사건을 소재로 소설을 쓰면서 망나니 같은 아이들에 대해 이렇게 썼다.

'참 모자란 애들이다. 패거리를 만들어 약한 아이를 사냥감으로 삼는 하이에나 같다. 썩은 고기를 먹는. 거기서 우두머리처럼 잘난 체하는 학도란 녀석은 자기가 열등감 때문에 다른 사람을 괴롭히면서 그 속에 숨는 거다. 자기가 잘났다고 생각하지만 실상은 불쌍한 놈이다.' ◆

오고 가는 이야기 속에서 우리는 여러 가지를 알게 된다. 학도란 아이와 그 친구들은 학교 양아치로구나. 그들은 약한 애들을 괴롭히고, 성격도 못됐구나. 대화와 행동을 통해 알려 주고 있으니 간접적으로 보여 준다고 해야겠네.

▲ 부분은 길동이의 겉모습을 표현하고 있으니 외양 묘사라고 할 수 있구나.

● 부분은 애들 나름대로 길동의 마음 상태, 내면을 말해 주고 있으니 (엉터리지만) 심리 묘사야.

청이가 쓴 소설 ◆ 부분은 이야기하는 사람이 직접 그 사람의 성격을 말하고 있네.

조그마한 사건 하나지만 서로 나누는 대화와 행동, 그것에 대해 쓴 것들을 통해 사람에 대해 이야기하는 여러 방식을 배운 셈이다. 겉도 봐야 하고, 속마음도 느껴야 하고, 그걸 짐작하게도 하고, 직접 듣게도 하는 인물 제시 방법을 배운 것이다.

이효석의 〈메밀꽃 필 무렵〉을 읽으며 소설 속 인물에 대해서 살펴보기로 하자. 그들의 사연도 알아보고, 그들을 어떻게 표현하고 있는지도 배워 보자. 그러면서 가슴 시릴 만큼 아름다운 자연과 그 속에서 살아가는 사람들의 애잔한 사연에도 젖어 보자. 작품의 첫 부분을 펼치면 눈앞에 시골 장터의 모습이 펼쳐지는 것 같다.

푹푹 찌는 여름날의 봉평 장터, 허 생원은 옷감 같은 것을 돌아다니면서 파는 드팀전 장돌뱅이다. 동업하는 조 선달은 허 생원이 충줏집이라는 술집 여자에게 마음이 있는 것을 알고 한 번 가 보자고 한다. 젊은 장돌뱅이인 동이가 충줏집을 꼬신 것 같다는 이야기를 하면서.

설레는 마음으로 충줏집에 가자 정말 동이가 있었다. 열 받은 허 생원은 네 아비 어미가 이꼴 보면 좋겠다라는 말까지 퍼붓고 따귀 한 대 때리며 동이를 나무란다. 그런데 대거리도 못하고 나가는 동이를 보며 측은하기도 하고 마음이 짠해지기도 했다. 웬일인지 흠뻑 취해 보고 싶어 주는 술잔을 거의 다 들이키는데…….

잔뜩 망신을 당했건만 동이가 헐레벌떡 들어와 허 생원의 나귀가 장난꾸러기 애들 때문에 난리를 친다고 알려 주었다. 아이들은 자기들 때문이 아니라 암놈을 보고 발광하는 거라며 때리려는 허 생원을 왼손잡이라고 놀려 댄다.

자기도 나귀처럼 늙고 힘없다는 생각을 하며 허 생원은 조 선달, 동이와 함께 봉평장을 향해 간다.

지금 우리가 쓰지 않는 말들이 여기저기서 나와 당황스럽기도 하다. 드팀전(옷감 파는 가게), 각다귀(모기처럼 귀찮게 하는 벌레 또는 장난꾸러기), 츱츱스럽다(지저분하다)……. 이런 말들 사이로 얼금뱅이(얽둑빼기)에 왼손잡이인 허 생원이 등장한다. 어릴 때 천연

두라는 병을 앓아 얼굴이 푹푹 파여 울퉁불퉁한가 보다. 그래서인지 여자와 사귈 기회도 적었나?

허 생원은 계집과는 연분이 멀었다. 얽둑빼기 상판을 쳐들고 대어설 숫기도 없었으나 계집 편에서 정을 보낸 적도 없었고, 쓸쓸하고 뒤틀린 반생이었다.

작가는 이렇게 허 생원이라는 **인물의 특징을 직접 말해 주고** 있다. 그는 곰보이고, 여자와도 인연이 멀다고. **직접 제시**(말해 주기) 방식이다. 또 허 생원은 오랜 세월 함께 한 늙은 나귀처럼 힘도 달리고, 모습도 추레해져 간다.

가스라진 목뒤 털은 주인의 머리털과도 같이 바스러지고, 개진개진 젖은 눈은 주인의 눈과 같이 눈곱을 흘렸다. 몽당비처럼 짧게 쓸리운 꼬리는 파리를 쫓으려고 기껏 휘저어 보아야 벌써 다리까지는 닿지 않았다.

나귀의 겉모습은 곧 허 생원 자신의 모습이다. 이런 **외양 묘사**를 통해 우리는 허 생원의 떠돌이 삶의 한과 쓸쓸한 처지도 이해하게 된다. 외양 묘사란 인물의 겉모습을 그림을 보듯, 만지듯 생생하게 느껴지도록 표현해 내는 방식이다.

세 사람은 밤길을 걸어 간다. 달빛이 부드러운 빛을 흘리고, 메밀꽃이 소금을 뿌린 듯 피어 있다. 허 생원은 조 선달과 앞서 걸어 가며 추억을 되새긴다.

그는 삼십 년 전쯤 오늘 같은 여름밤 물방앗간에서 우연히 성 서방네 딸을 만났다. 처녀는 어려운 집안 형편 때문에 울고 있었다. 이야기를 나누다가 두 사람은 함께 밤을 보낸다. 허 생원 말대로 '무섭고도 기막힌 밤'이었다.

다음 번 봉평장에 갔지만 성 서방네는 빚 때문인지 마을에서 도망을 친 뒤였고, 제천 쪽으로 갔다는 이야기를 들었다. 제천장을 몇 번이나 뒤졌지만 만날 수가 없었다. 첫날밤이 마지막 밤이 된 것이었고, 그는 반평생 그 사연을 가슴에 안고 사는 거였다.

"옛 처녀나 만나면 같이 살까…… 난 거꾸러질 때까지 이 길 걷고 저 달 볼 테야."

성 처녀를 만났던 일을 허 생원과 조 선달이 두런두런 이야기를 나눈다. 하도 많이 들어 조 선달도 대강 그 사연을 알고 가끔씩 말을 보탠다. 첫사랑의 사연도 흥미진진하지만 그들이 걷는 길도 아름답다. 푸르스름한 달빛, 꽃 향기, 딸랑거리는 나귀 방울 소리.

허 생원이 이런 사연을 가진 사람이라는 것을 둘의 대화를 통해 알 수 있다. 간접적 제시(보여 주기)인 셈이다. 줄거리를 더 살펴보자.

뒤따라오던 동이도 나란히 가게 되었다. 동이는 아버지가 없다는 이야기를 한다. 어머니가 제천 촌에서 아이를 낳고 집에서 쫓겨났다고. 의붓아버지가 있었으나 맞고만 살았다고. 어머니는 의부와 갈라져 제천에서 산다고. 모친의 친정은 원래 **봉평**이었다고.

허 생원은 갑자기 아득해져서 발을 헛디뎌 물에 빠지고 만다. 동이는 허 생원을 덥석 업었다. 왜 이리 실수를 하냐고 조 선달이 묻자, 허 생원은 이렇게 답한다.

"나귀야, 나귀 생각하다 실족을 했어. 말 안 했던가? 저 꼴에 제법 새끼를 얻었단 말이지. 읍내 강릉집 피마에게 말일세. 귀를 쫑끗 세우고 달랑달랑 뛰는 것이 나귀새끼같이 귀여운 것이 있을까?"

허 생원은 대화장이 끝나면 제천으로 간다며 동이에게도 동행하자고 한다.

'나귀가 걷기 시작하였을 때, 동이의 채찍은 왼손에 있었다. 오랫동안 아둑시니같이 눈이 어둡던 허 생원도 요번만은 동이의 왼손잡이가 눈에 띄지 않을 수 없었다.'

대화와 행동의 서술로 이어지는 뒷부분을 읽으면서 우리는 많은 것을 짐작한다. 아하, 동이가 허 생원 아들이겠구나. 동이 어머니가 바로 허 생원 추억 속에 있는 그 여인이로구나. 앞으로 세 사람은 함께 오순도순 살 수 있겠네. 동이 등에 업힌 허 생원이 나귀의 자식이 귀엽다는 말을 할 때, 그의 마음에 동이에 대한 사랑이 피어오르고 있음도 알게 된다.

90~100년 전쯤 메밀꽃 필 무렵인 늦여름에 한평생을 장터로 장터로 떠돌아다니던 늙은 장돌뱅이의 우연한 사랑과 만남을 떠올려 보자. 그 사연이 우리 앞에서 실감나게 펼쳐진다. 더운 여름의 장터가 그려지고, 얼금뱅이에 왼손잡이 한 사내에 대해 이야기해 준다. 가끔씩은 이야기로, 가끔씩은 등장인물들이 대화와 행동으로, 또 어떤 때는 그들의 겉모습과 아름다운 경치의 묘사로 이어진다. 터벅터벅 나귀와 함께 밤길을 걸어 가는 세 사람의 사연, 쏟아지는 달빛과 꽃향기, 딸랑이는 나귀 방울과 물소리 같은 것들을 우리 감각으로 생생하게 느낄 때 〈메밀꽃 필 무렵〉은 가슴 시린 풍경과 사연으로 다가온다.

잠깐, 왼손잡이는 유전일까? 이효석이 소설을 쓸 때는 막연히 그렇게 생각했던 것 같다. 그 이후 유전이 아니라는 과학자들도 있어서 〈메밀꽃 필 무렵〉이 주는 감동이 좀 덜해지는 듯 느껴졌었다. 그러나 연구가 더 진행되면서 오른손과 왼손 중 잘 쓰는 손을 결정하는 데 유전자가 부분적으로 작용한다는 게 확실해졌다.

🔑 오늘 수업 열쇠말

1. 인물의 묘사

외양 묘사 사람이나 사물의 겉모습을 표현한 것

잠깐, 인물의 행동을 표현한 것은 외양 묘사가 아닌가요? 겉으로 드러난 것이잖아요?

행동을 표현한 것은 '서술(서사)'이라고 한다. 묘사는 시간이 정지한 상태로 사물을 생생하게 표현한 것을 말한다.

심리 묘사 인물의 심리 상태나 심리의 변화를 표현하는 것

2. 인물·사건 제시 방법

직접적 제시(말해 주기) 인물의 특징이나 성격에 대해 직접적으로 설명하는 것

젊은 시절에는 알뜰하게 벌어 돈푼이나 모아 본 적도 있기는 있었으나, 읍내에 백중이 열린 해 호탕스럽게 놀고 투전을 하고 하여 사흘 동안에 다 털어 버렸다.

간접적 제시(보여 주기) 인물의 행동이나 대화를 통하여 인물의 특징이나 성격을 드러나게 하는 것

"옛 처녀나 만나면 같이 살까…… 난 거꾸러질 때까지 이 길 걷고 저 달 볼 테야."

(옛날 만났던 성씨 처녀에 대한 그리움과 떠돌이 삶에 정들어 받아들이고자 하는 마음을 담아냄)

〈메밀꽃 필 무렵〉과 이효석

〈메밀꽃 필 무렵〉

1936년 10월 《조광》지에 발표된 이효석의 단편 소설. 1930년대 어느 여름날 오후 봉평장에서 시작하여 대화 장터 가는 밤길이 배경이다.

하룻밤 사랑을 나누고 헤어진 처녀를 마음에 두고 늘 봉평장을 찾는 허 생원. 우연히 젊은 장돌뱅이 동이를 만나고 따귀까지 때리며 혼내지만 함께 밤길을 가게 된다. 동이의 사연을 듣고 그가 자신의 아들임을 확신한 허 생원은 대화장이 끝나면 제천으로 가기로 한다.

늙은 장돌뱅이가 떠돌이 삶을 살며 느끼는 쓸쓸함과 서글픔과 그리움이 아름다운 문체로 그려졌다. 자연 묘사와 다채로운 우리말 표현 등으로 이효석 문학의 대표적인 작품으로 평가받는다. 나귀와 허 생원의 삶을 나란히 보여 주고, 달밤의 정경을 통해 허 생원의 과거와 현재를 연결시키면서 자연스럽게 작품 속으로 독자를 불러들인다. 마치 시를 읽는 듯, 신비로운 영상을 보는 듯 자연 묘사와 인간 삶의 사연이 어우러진 작품이다. 어찌 보면 불행하고 아픈 사연이건만 아름답고 낭만적이라 느껴진다.

이효석의 작품 세계

이효석(1907~1942)은 강원도 평창에서 태어났다. 〈메밀꽃 필 무렵〉의 배경이 그의 고향이다. 호는 가산(可山). 작품 활동 초기에는 '동반자 작가'라고 불렸다. 정치성이나 사회성을 드러내며 사회주의 문학을 선언한 작가는 아니었지만 비슷한 관심사를 보여 주었기 때문이다. 도시 빈민층의 비참한 삶을 그린 〈도시와 유령〉, 국제선을 배경으로 혹사당하는 노동자들과 항일 운동을 하는 젊은이의 모습이 담긴 〈노령근해〉 같은 작품이 초기 작품의 특징을 잘 보여 준다.

1930년대 들어 〈돈 豚〉(돼지), 〈산〉, 〈메밀꽃 필 무렵〉 등의 작품에서 자연 속에 동화되는 인간의 모습을 그려 내는 쪽으로 변화해 갔다. 그 이후에는 〈화분〉, 〈장미 병들다〉처럼 조금 더 인간의 욕망 세계를 그려 내는 작품들을 썼다.

사회의 모순 속에서 고통당하는 인생-자연과 어우러진 삶의 애환-자연의 본능적 세계와 인간의 욕망. 이렇게 그의 작품 세계는 변모해 갔다.

작가와 교수로 활동하며 시적인 문체로 새로운 문학 세계를 보여 준 이효석. 나비넥타이를 매고 커피를 즐기던 멋쟁이 이효석의 삶도 순탄치는 않았다. 아내와 아이 한 명을 잃고 실의에 빠졌던 그는 1942년 뇌막염에 걸려 앓다가 36세로 세상을 떠났다.

✓ 확인해 볼까?

1. 다음 글에서 ☐를 채워 보자.

1) 소설의 문장은 서술, ☐☐, 대화로 이루어져 있다. ☐☐은 시간의 진행에 따른 사건 전개를 이야기하는 방법이며, 묘사는 감각을 통해 대상을 그림 그리듯, 귀에 들리듯 생생하게 그려내는 방법이다. 대화는 등장인물 사이에 주고받는 말이다.

2) 인물의 특징이나 성격에 대하여 서술자가 직접 설명하는 것을 '☐☐☐ 제시 방법'이라 하고, 인물의 행동이나 대화를 통하여 인물의 특징이나 성격을 드러나게 하는 것을 '☐☐☐ 제시 방법'이라고 한다.

2. 다음 글을 읽고 이 글에 관해 대화를 나누어 보았다. 적절하지 않은 것은?

> 달은 지금 긴 산허리에 걸려 있다. 밤중을 지난 무렵인지 죽은 듯이 고요한 속에서 짐승 같은 달의 숨소리가 손에 잡힐 듯이 들리며, 콩 포기와 옥수수 잎새가 한층 달에 푸르게 젖었다. 산허리는 온통 메밀밭이어서 피기 시작한 꽃이 소금을 뿌린 듯이 흐뭇한 달빛에 숨이 막힐 지경이다.
>
> – 이효석, 〈메밀꽃 필 무렵〉 중에서

① 달빛이 내리는 산길의 정경을 묘사하고 있다.

② 시간의 흐름에 따른 대상의 행동을 표현하고 있다.

③ 그림을 그리듯, 귀에 들리듯 표현하고 있다.

④ 비유적 표현이 사용되고 있다.

⑤ 밤의 고요한 풍경이 아름답게 묘사되고 있다.

3. 다음 글을 읽고 물음에 답해 보자.

> 동이의 탐탁한 등어리가 뼈에 사무쳐 따뜻하다. 물을 다 건넜을 때에는 도리어 서글픈 생각에 좀 더 업혔으면도 하였다.
> "진종일 실수만 하니 웬일이요? 생원."
> 조 선달은 바라보며 기어코 웃음이 터졌다.
> "나귀야, 나귀 생각하다 실족을 했어. 말 안했던가? 저 꼴에 제법 새끼를 얻었단 말이지. 읍내 강릉집 피마에게 말일세. 귀를 쫑긋 세우고 달랑달랑 뛰는 것이 나귀새끼같이 귀여운 것이 있을까? 그것 보러 나는 일부러 읍내를 도는 때가 있다네."
> "사람을 물에 빠치울 젠 딴은 대단한 나귀새끼군!"
> 허 생원은 젖은 옷을 웬만큼 짜서 입었다. 이가 덜덜 갈리고 가슴이 떨리며 몹시도 추웠으나 마음은 알 수 없이 둥실둥실 가벼웠다.
>
> — 이효석, 〈메밀꽃 필 무렵〉 중에서

1) 서술, 묘사, 대화 중 어느 전개 방식이 두드러지는가?

2) 인물 제시 방법은 어떠한가? (직접적 제시, 간접적 제시)

언제
어디서
어떤
날에?

손창섭의 〈비 오는 날〉을 읽으며 알아보는
소설의 배경

이렇게 비 내리는 날이면 원구의 마음은 감당할 수 없도록 무거워
지는 것이었다. 그것은 동욱 남매의 음산한 생활 풍경이 그의 뇌리
를 영사막처럼 흘러가기 때문이었다. 빗소리를 들을 때마다 원구는
으레 동욱과 그의 여동생 동옥이 생각나는 것이었다. 그들의 어두
운 방에 쓰러져 가는 목조 건물이 비의 장막 저편에 우울하게 떠오
르는 것이었다. 비록 맑은 날일지라도 동욱 오누이의 생활을 생각
하면, 원구의 귀에는 빗소리가 설레이고 그 마음 구석에는 빗물이
흐르는 것 같았다. 원구의 머릿속에 떠오른 동욱과 동옥은 그 모양
으로 언제나 비에 젖어 있는 인생들이었다.

참 울적한 느낌을 준다. 원구라는 사람의 마음도 무겁고, 그가 생
각하고 있는 동욱과 동옥 남매가 사는 집도 우중충하다. 그들의
삶 자체가 후줄근하다. 마치 비에 젖은 것처럼. 이렇게 비 내리는
날을 배경으로 이 소설은 시작된다. 우산 없이 비를 다 맞고 서 있
는 사람처럼 남매의 삶은 슬프고 고단한가 보다. 줄거리를 더 따
라가 보자.

원구의 친구 동욱은 누이동생 동옥과 1·4 후퇴 때 월남해서 살고 있다. 원구 역시 피난을 와서 거리에서 장사를 하며 어렵게 살고 있다. 동욱은 대학에서 영문학을 전공했고 찬양대를 지휘하는 등 착실한 교인이었다. 동옥은 어려서부터 그림을 좋아했고, 원구를 잘 따르곤 했었다.

그러나 6·25 전쟁은 그들의 운명을 바꾸어 놓았다. 남쪽으로 피난 온 후 동욱은 미군 부대를 다니며 초상화를 주문 받고, 동옥은 집에서 초상화를 그리며 간신히 먹고사는 중이었다. 그들은 외딴곳에 있는 나무로 된 건물에서 산다. 허름하며 황폐하고 음침한 곳이다.

장마가 시작된 어느 날 원구가 동욱의 집을 찾아간다. 거기서 만난 동옥은 냉담하고 반항적인 모습을 보이며 비웃는 듯한 차가운 미소만을 띨 뿐이었다.

원구는 돌아오다가 동욱을 만나 다시 집으로 들어간다. 지붕은 비가 새어 방 안에 양동이를 받쳐 놓았는데 그 양동이가 넘어져 방 안이 흥건해졌다. 그때 물을 피하려 일어나는 동옥을 보고야 동옥이 다리 불구라는 것을 알았다. 그 후 원구가 그 집을 몇 차례 방문하면서 동옥이 원구를 대하는 태도도 조금씩 부드러워졌다. 동욱이 자기 동생을 대하는 태도는 참 이상했다. 작은 일에도 화를 내고 욕을 하고 막 대하는 것이었다.

비가 심하게 오는 날, 원구가 동욱의 집에서 자게 되었다. 옆 방의 아이가 이 가는 소리가 들릴 정도의 방에서 원구는 두 남매와 같이 잠을 자는데, 동욱은 적선(착한 일) 삼아 동옥과 결혼할 용기는 없는가라고 묻는다.

이 소설이 울적하고 무기력한 느낌을 주는 까닭이 조금씩 드러난다. 원구나 동욱, 동옥은 모두 자기 고향에서 살지 못하고 전쟁을 피해 남쪽으로 온 피난민이다. 자기 삶의 터전을 떠나야 했던 뿌리 뽑힌 사람들인 셈이다.

시대적 배경이 6·25 전쟁이다. 전쟁이 일어났던 곳, 전쟁이 일어난 곳들을 생각해 보라. 사람들의 삶은 비참하다. 죽음의 위협이 늘 도사리고 있고, 행복한 미래를 꿈꾸던 사람들이 자기 꿈을 접거나 비인간적인 상태로 살아가야 한다.

이들이 살고 있는 곳은 부산이다. 6·25 전쟁이 나고 북한군이 서울을 점령한다. 다시 서울을 탈환했다가 중국이 전쟁에 끼어들면서 1·4 후퇴로 대한민국의 수도는 부산이 되었다. 6·25 전쟁 당시 부산은 피난민들이 모여들어 판자촌을 이루고, 아무 일이나 닥치는 대로 하며 궁핍한 삶을 이어 나갔다. 동욱 남매가 사는 허름한 집은 피난민의 구차한 삶을 고스란히 드러내 준다. 피난지 부산, 외딴 곳에 있는 무너져 가는 집이 바로 이 소설의 공간적 배경이다.

게다가 계절은 장마 때이다. 계절적 배경(자연적 배경)은 비

오는 날이 계속되는 칙칙한 장마인 것이다.

이 소설이 어떻게 전개되고 마무리되는지 더 읽어 보자.

그러다 동욱은 그의 유일한 생계인 초상화 작업마저 하지 못하게 된다. 단속이 심해졌다는 거였다. 동욱은 원구에게 동옥이 너무 불안해 하니 자주 찾아와 위로해 주라는 부탁을 한다.

다시 비 오는 날, 그들을 찾아가니 주인 노파가 동욱이 그동안 모아 둔 돈 2만 환을 빌려 갔는데, 갚기는커녕 집까지 몰래 팔아먹고 도망가 버렸다고 한다. 동욱은 동옥을 구박하고, 동옥은 상심하여 누워 있었다.

장사가 잘 안 돼 생활의 위협을 느끼던 원구가 한 달 여 만에 그 집을 방문했을 때 이미 그들은 떠나고 없었다. 아마도 동욱은 군대에 끌려갔을 터였다. 새 주인은 동옥이 편지를 남기고 어디로 떠났다고 말한다. 원구는 격분과 자책 속에서 발길을 돌린다.

분명 꾸며진 이야기인데도 마음이 무겁고, 실제 있었던 일인 듯 느껴진다. 6·25 전쟁 당시, 피난지 부산이라는 배경이 현실감을 주기 때문이다. 그리고 그들이 살고 있는 집이라는 공간 배경이나 비가 추적추적 내리는 장마라는 배경도 이 소설의 울적하고 무기력한 분위기 형성에 기여한다.

우리가 보았던 드라마나 영화를 생각해 보자. 귀신이 등장할 때, 끔찍한 범죄가 일어날 때 어슴프레 달빛이 비치는 한밤중이거나 비가 내리는 외딴 장소일 때가 많다. 무서운 사건이 일어날 때 삐걱거리는 계단을 오르거나 음침한 곳의 문을 열기도 한다.

〈비 오는 날〉의 원구, 동욱, 동옥은 다 무기력한 모습을 보여 준다. 그 무기력함이 장마철의 비라는 배경과 연결되어 더 깊어진다. 이렇게 **배경은 분위기와 인물의 심리에도 영향**을 끼친다.

김승옥의 〈무진기행〉이라는 소설이 있다. 안개가 자욱하게 끼어 있는 무진이라는 작은 도시를 배경으로 하고 있다. 안개라는 배경은 주인공의 불안과 허무 의식을 보여 준다. 어떻게 살아야 할지 안개 속에서 허우적대는 인간의 모습을 상징적으로 보여 주는 것이다. **배경은 주제를 함축적으로 담아내기도 한다.**

〈홍길동전〉에서 우리는 사회적 배경을 따져 볼 것이다. 양반들이 첩을 두고, 그 첩이 낳은 자식은 아버지를 아버지라 부르지 못하고, 어머니의 신분을 따르며, 관직에 나가기도 힘들다. 이런 사회적 배경이 홍길동을 분노하게 만들었고, 의적이 되게 한 것이다. **이 소설에서 사회적 배경은 소설 전개의 핵심적 요소가** 된다.

만약 여러분이 2020년대 학교에서 왕따를 당하는 아이의 이야기를 소설로 쓴다면 어떤 배경들이 등장할까? 학교 안에서 사람들 발길이 잘 닫지 않는 뒤 운동장, 쓰레기장 옆, 다른 교실과 떨어진 빈 특별 교실 등이 배경으로 나올 것이다. 폭력을 당하고 괴로워하는 아이는 어둑어둑한 길을 울면서 걸어 갈지도 모른다. 비까지 내려 아이의 옷은 젖어서 축 늘어질지도 모른다.

자, 손창섭의 〈비 오는 날〉로 돌아가 보자. 전쟁이라는 사회적(시대적) 배경, 피난지 부산이라는 공간적 배경, 장마철 비 오는 날이라는 자연적 배경 등. 이런 배경들은 사건, 인물과 얽혀 이 소설을 이끌어 가는 것이다. 작품은 이렇게 마무리된다.

이놈, 네가 동욱을 팔아먹었구나 하는 흥분한 소리가 까마득히 먼 곳에서 자기를 향하고 날아오는 것 같은 착각에 오한을 느끼며, 원구는 호박 덩굴 우거진 밭두둑 길을, 앓고 난 사람 모양 허적거리는 다리로 걸어 나가는 것이었다.

1. 소설의 배경

배경(背景)이란 행위나 사건이 일어난 시간과 공간, 사회 및 역사적 환경 등을 두루 가리킨다.

자연적 배경 시간적 배경(시간·계절, 역사적인 시대)

공간적 배경(장소, 공간 - 일상적인 생활 공간, 광범위한 자연환경)

사회적 배경 사건이 일어나는 한 시대나 사회적 분위기

사상적 배경 작품의 밑바탕에 깔려 있는 사상

현대 소설에서는 '심리적 배경', '상황적 배경' 등의 개념을 사용하기도 한다.

2. 배경의 역할

- 분위기를 조성하여 현실감을 높인다.
- 인물의 심리나 사건 전개를 암시한다.
- 상징적 의미를 띠기도 하고 소설의 주제를 드러내기도 한다.

Q 〈비 오는 날〉과 손창섭

〈비 오는 날〉

1953년 11월에 발표된 단편 소설. 6·25 전쟁 직후, 장마철의 부산을 배경으로 동욱, 동옥 남매와 원구의 우울하고 무기력한 삶을 그려 내고 있다. 작품의 배경은 전쟁 뒤 삶이 뒤틀리고 그로 인해 무력감과 절망감을 느끼는 인물들의 심리와 밀접하게 연결되어 있다.

주요 등장인물은 동욱, 동옥 남매와 원구이다. 전지적 작가 시점이지만 원구라는 인물의 눈을 통해 동욱 남매의 삶을 보여 준다. 원구는 초점 화자라 할 수 있다. 작가처럼 보이는 전지적 서술자가 원구의 시선을 통해 이야기를 끌고 나가는 것이다.

이 작품에 등장하는 인물들은 하나같이 비정상적이다. 동욱은 한때 착실한 기독교 신자였고, 지금도 목사를 지망한다고 하지만 동생에게 욕설을 퍼붓고, 술을 마셔 대고, 냉소적이며 뒤틀린 태도를 보인다. 동옥은 몸이 불구인데다가 냉랭하고 남을 잘 믿지 못한다. 원구는 원구대로 무기력함을 느끼며 우울하다. 우울한 배경과 함께 '~것이다.', '~것이었다.'와 같은 말로 끝맺는 문장이 자주 나오면서 냉소적인 분위기를 만들어 내기도 한다. 전쟁의 상처가 고스란히 인물과 사건과 배경 속에 비처럼 젖어 들어 있는 작품이다.

손창섭의 작품 세계

손창섭(1922~2010)은 일제 강점기에 태어나 일본에서 공부하다 해방 뒤에 귀국했다. 그는 〈비 오는 날〉, 〈잉여 인간〉, 〈유실몽〉, 〈낙서족〉 같은 작품을 쓰며 1950년대를 대표하는 작가로 자리매김했다. 〈잉여 인간〉, 〈유실몽〉은 전쟁 후 삶의 의지를 잃고 무기력하게 살아가는 인간들의 모습을 다루고 있으며, 〈낙서족〉은 일제 강점기를 배경으로 방황하는 젊은이의 모습을 그려 낸다.

그의 작품 속 인물들은 적극적으로 생을 개척하는 활기 있는 인물이 아니다. 어두운 시대를 배경으로 고민하는 삶, 우울한 삶을 살아간다. 해방과 전쟁 이후의 굶주린 우리 사회는 인간의 건강한 삶을 파괴하고 인간성을 소외시켰다. 손창섭은 이처럼 전쟁 후 1950년대의 황량한 사회 현실과 그 속에서 신음하는 인간을 그려 낸 작가이다.

확인해 볼까?

1. 소설에서 ☐☐은 사건이 일어난 시간과 공간, 사회 및 역사적 환경 등을 두루 가리킨다.

2. 소설에서 배경의 역할로 적절하지 않은 것은?

① 배경은 분위기를 조성하여 현실감을 높인다.

② 인물의 심리나 사건 전개를 암시한다.

③ 자연 현상은 사건을 일으키는 동기일 뿐 배경이라고 할 수 없다.

④ 배경은 소설 구성에 있어서 중요 요소이다.

⑤ 배경은 상징적 의미를 띠기도 하고 소설의 주제를 드러내기도 한다.

3. 소설 〈비 오는 날〉에 대한 감상을 나눠 보았다. 가장 적절한 것은?

① 6·25 전쟁 당시 피난민이 모여 살던 서울 해방촌을 배경으로 한다.

② 원구라는 주인공을 서술자로 하는 1인칭 주인공 시점의 소설이다.

③ 소설의 인물들은 힘겨운 상황에서 진취적으로 시련을 극복한다.

④ 장마라는 계절적 배경이 소설의 음울하고 무기력한 분위기 형성에 기여한다.

⑤ 함축적인 시적 언어를 사용하여 환상적이며 서정적인 분위기를 자아낸다.

말하지 않고는 배길 수 없는 것

성석제의
〈내가 그린 히말라야시다 그림〉을
읽으며 알아보는
소설의 사건과 주제

비밀입니까, 비밀이라니요.

나에게 무슨 비밀이 있겠습니까.

나는 당신에게 대하여 비밀을 지키려고 하였습니다마는,

비밀은 야속히도 지켜지지 아니하였습니다.

나의 비밀은 눈물을 거쳐서 당신의 시각(視覺)으로 들어갔습니다.

나의 비밀은 한숨을 거쳐서 당신의 청각(聽覺)으로 들어갔습니다.

나의 비밀은 떨리는 가슴을 거쳐서 당신의 촉각으로 들어갔습니다.

(중략)

그리고 마지막 하나 있습니다.

그러나 그 비밀은 소리 없는 메아리 같아서 표현할 수가 없습니다.

- 한용운, 〈비밀〉 중에서

한용운의 시 〈비밀〉이다. 시 속의 '나'는 어떤 비밀을 갖고 있었을까? 말하고 싶지만 말 못 하는 마음 깊은 곳의 고백이었을 것 같다. 그런데 어느 틈에 '당신'은 알아차리고 만다. 아! 그 고백은 사랑한다는 말이었나 보다.

비밀에 대해 이야기하다 보니 〈임금님 귀는 당나귀 귀〉라는 동화가 떠오른다.

옛날에 어느 왕이 있었다. 그는 귀가 점점 길어져 당나귀 귀처럼 되었다. 그가 당나귀 귀를 가졌다는 사실은 아무도 모르는 비밀이었다. 그러다 왕이 쓰는 두건을 만드는 사람이 그 사실을 알게 되었다. 그러나 그 말을 다른 사람에게 해서는 안 되었다. 그는 그 비밀을 안고 끙끙거렸다. 말하지 않으려니 너무 답답해서 죽을 것 같았다. 어느 날 그는 대나무 숲에 들어가 '임금님 귀는 당나귀 귀'라고 외쳤다.

그런데 바람이 불자 대나무 숲에서 우수수 댓잎 스치는 소리와 함께 '임금님 귀는 당나귀 귀'라는 소리가 들렸다. 왕은 그 대나무를 모두 베고 다른 나무를 심게 했다. 그래도 바람이 불 때마다 '임금님 귀는 당나귀 귀'라는 소리는 그치지 않고 들렸다.

어릴 때 우리가 읽었던 이 이야기는 《삼국유사》에 실린 경문왕 이야기를 소재로 만들어진 것이다. 다른 나라에도 비슷한 이야기들이 있다. 가장 높은 권력자의 비밀을 알고 있는 사람. 그 비밀을 발설하면 그는 죽게 된다. 그러나 비밀을 품고 살아가는 것은 죽는 것만큼이나 힘들다. 대나무 숲에 털어놓았더니 바람을 타고 그 비밀이 전해진다.

아, 입 밖으로 내어 말하지 않았지만 어느 틈에 '당신'에게 전해지는 것! 말하지 않고는 배길 수 없는 것! 가슴에 품은 비밀처럼 말하고 싶은 어떤 이야기! 소설가들은 마음에 그런 비밀을 품고 있는 사람들인가 보다. 말하고 싶은 어떤 생각들을 가슴에 품고 품다가 그것을 이야기로 풀어내는 것이다. 한용운의 〈비밀〉은 눈물과 한숨과 떨림과 표현할 수 없는 메아리처럼 '당신'에게 다가가고, 소설의 비밀인 주제는 하나의 사건으로 독자에게 다가간다.

오늘은 성석제의 〈내가 그린 히말라야시다 그림〉을 읽으며 소설의 사건과 주제에 대해 생각해 보기로 하자. 이 소설의 중심 사건은 어린 시절의 비밀이다. 그것을 두 사람의 회상 형식으로 전개한다. 그 사건 속에서 작가가 전하고 싶었던 비밀, 즉 작가의 중심 생각과 주제는 무엇이었을까?

유명한 화가가 된 나(0, 백선규)는 어릴 적 일 하나를 마음속에 비밀처럼 품고 살아간다. 그리고 그 일 때문에 자기 삶이 달라졌다고 생각한다.

또 한 명의 나(1)는 그림 애호가로 백선규의 그림을 좋아한다. 그의 그림 속에는 비밀이 담겨 있는 것 같다고 생각하면서.

소설은 이렇게 어른이 되어 옛날을 돌아보는 0과 1의 시점에서 시작된다. 0은 백선규이고, 1은 백선규와 같은 학교를 다녔던 여성이다. 마치 제목처럼 0이라고 써 있을 때는 백선규가 서술자가 되어 이끌어 나가고, 1이 써 있을 때는 여성이 서술자가 된다. 즉 **이 소설은 '나'라는 서술자가 둘이다.** '나'가 둘이라니 참 이상하다고 생각할 사람이 있을지도 모른다. 하지만 **서술자가 여럿인 소설도 많다. 소설의 시점도 다양하게** 바뀔 수 있다. 이 두 사람의 서술자는 회상을 통해 하나의 사건(비밀)에 다가간다.

0은 3학년 때 아버지 초등학교 동창인 천수기 선생님을 담임으로 만난다. 아버지는 어릴 때 화가를 꿈꾸었지만 할아버지의 유언 때문에 그 길을 접고 농부로 살아가고 있는 분이다. 아버지와 선생님의 기대 속에서 0은 4학년 이름을 빌려 미술 대회에 참가한다. 재능을 확인하기 위해 한 번 나가본 대회에서 장원을 차지하게 된다. 그 당시 0은 그림 그리기보다는 축구를 더 좋아하는 소년이었다.

또 다른 나(1)는 제재소를 운영하는 부잣집 딸이었고 과외비를 내고 그림을 배우고 있었다. 초등학교 4학년 때 1은 백일장에 나가고 싶었지만 대표가 되지 못해, 여러 명이 참가할 수 있는 사생 대회에 나간다.

이렇게 앞부분을 읽다 보면 '아, 소설은 마치 동굴 속에서 보물을 찾듯, 무덤 속에서 고대의 비밀을 찾듯 사건이 전개되는구나!' 하는 생각이 든다. 고대의 보물을 발견하기 위해 유적지나 무덤 같은 곳에 들어가는 영화가 있다. 아직 자신들이 목표물을 발견하기 전 어두운 곳을 탐색하며 두근거리듯 소설은 사건의 절정을 향해 간다.

주인공 0은 가난하고, 그의 아버지는 화가의 꿈을 포기했었고, 그런 아버지와 아버지의 초등학교 동창인 선생님은 내게 큰 기대를 한다. 이런 여러 조건이 주인공을 둘러싸고 있다. 1은 그림은 그런대로 잘 그리지만 글쓰기를 좋아한다. 이런 밑밥(?)들이 이어질 사건들을 위해 준비되고 있다.

0과 1은 둘 다 히말라야시다 나무 근처에서 그림을 그렸다. 1은 0에게서 지독한 가난의 냄새를 느꼈고, 0은 1에게서 촌뜨기인 자기와 다르다는 느낌을 받는다. 그림에는 이름을 쓸 수 없었다. 주최측에서 부여한 번호만 쓸 수 있었다. 0의 번호는 124번이었다. 축구 경기를 못 본 아쉬움 속에서, 그래도 자기에게는 아버지에게 물려받은 재능이 있다고 자부하며 그것을 확인하고 싶었던 0. 그가 사생 대회 장원을 차지한다.

얼마 뒤 입상 작품들이 강당에 전시되었다. 0은 장원한 그림이 자기 그림이 아니라는 것을 알게 된다. 분명 124번이라는 번호가 있었지만 다른 아이의 거였다. 반면 1은 장원 그림이 자기 것임을 알아차린다. 자기 근처에서 그림 그리던 아이의 번호를 자기가 실수로 적었다는 것도. 그러나 1은 가난한 그 아이가 좌절할지도 모른다는 생각, 자기의 실수를 바로잡는 과정이 귀찮다는 생각, 자기에게는 상이 별로 중요하지 않다는 생각을 하며 그냥 넘어간다.

사건이 진행되면서 긴장감도 고조된다. 두 사람이 같은 곳에서 같은 그림을 그렸고, 그림의 번호도 같은 것(소년의 것)을 쓴다. 어, 어찌 될까? 우리는 더 조바심과 궁금함을 가질 것이다. 자기의 그림이 아니라는 것을 소년이 알았을 때, 그의 마음속에는 갈등이 일어났을 것이다. 밝혀야 하나? 안 돼! 아버지가 좋아하셨는데, 선생님도 기뻐하셨는데……. 하지만…….

소녀도 갈등했을 것이다. 가난한 그 아이가 그렸네. 밝힐까? 하지만 말해서 소란 피우면 좋을 게 뭐야? 소년보다는 덜 했을 테지만. 여러 생각이 마음속에서 우글거렸을 것이다.

이렇게 갈등이 최고조에 달할 때 작품의 주제도 잘 드러난다. '이래야 하나 저래야 하나 기로에서 어떤 선택을 했을 때 그것이 우리 인생의 길을 바꿔 나가기도 한다.'는 인생의 진리가 바로 작품의 중심 생각일 것이다.

그러나 이 주제는 한용운의 시 〈비밀〉처럼 표현할 수 없는 부분이 있다. '이런 선택은 옳지 않아, 양심을 지켜야지.', '인간은 자기 것이 아닌 것에 욕심내면 안 돼.' 이런 교훈은 분명 아니다. 읽는 사람에 따라 조금씩은 다른 생각과 느낌을 갖게 하는 여운이 있다.

소설의 주제를 파악하는 방법을 생각해 보자. 소설의 주제는 소설의 근간이 되는 사건을 통해 파악하는 것이 일반적이지만, 결말 부분이 어떤 말로 마무리되는가, 분위기가 어떠한가 등에 의해 파악할 수도 있다.

여기서 잠깐, 주제가 뭔지 아직도 아리송한 사람들을 위해 만둣국 이야기를 해 보자.

식당에서 만둣국을 시켰다. 맛있게 먹었다. 자, 만둣국에는 만두도 있고, 파도 있고, 고깃국물도 있다. 가장 중심 재료는 만두이다. 즉 만두는 중심 재료이다. 소설로 따지면 중심 소재(제재)이다. 그럼 만둣국에 담긴 중심 생각은 무엇일까? '맛있다!'가 아닐까? 물론 맛없는 만둣국의 주제는 '맛없다'일 것이다. 어떤 때는 '배부르다'가 주제일 수도 있다. 아무튼 소설의 소재가 인물 배경이 만들어 내는 어떤 '사건'이라면 거기 담긴 중심 생각이 '주제'라는 이야기다.

자, 소설의 마무리를 향해 가 보자.

그 이후 1은 중매로 만난 판사와 결혼하여 그림을 좋아하는 사람으로 살아간다. 0은 자기보다 뛰어난 사람이 있다는 생각을 하며 그림에 정진하고 최선의 노력을 기울인다. 어릴 때의 기억은 그를 노력하도록 다그치는 비밀스런 기억이었다.

어느 날 우연히 지나쳐 가는 두 사람. 1은 그가 유명한 화가인 백선규임을 알아차리고 아는 척 할까 생각하다가 그냥 지나친다.

마무리 부분에서 우리는 조금 더 생각을 하게 된다. 어떤 사람은 '자기보다 재능이 있는 사람이 있어도 최선을 다하면 더 많은 것을 이룰 수 있다.'라든가, '부족함이 있기에 더 노력하여 큰사람이 될 수 있다.'든가…….

한 가지 분명한 생각을 읽어 낼 수는 있다. 우리는 삶 속에서 많은 선택을 하고, 그 선택이 우리의 삶을 바꿀 수 있다는 것, 그렇게 흘러가는 것이 우리의 삶이라는 것.

오늘 수업 열쇠말

1. 소설의 사건

소설에서 일어나는 일

2. 소설의 주제

작가가 작품을 통하여 나타내고자 하는 인생관이나 중심 사상을 말한다.
작가는 인물, 배경, 사건을 통해 소설을 구성하고, 그것을 통해 어떤
가치, 생각, 교훈 등을 전해 준다.

3. 주제 파악 방법

- 소설의 근간이 되는 사건을 통해 파악한다.
- 어조나 분위기를 통해 파악한다.
- 결말 부분이 어떤 말로 마무리되는가를 통해 파악한다.

4. 소재·제재·주제

소재, 제재, 주제는 우리가 가끔 혼동하는 개념이다.
세 가지를 구별하여 정리해 보자.

소재 글의 바탕이 되는 재료로 '이야깃거리'를 말한다.

제재 소재가 지닌 여러 속성과 측면 중에서 글쓴이가 주로 관심을 갖고
주목하는 중심적인 면이다.

주제 글에 나타난 중심 사상이다.

〈내가 그린 히말라야시다 그림〉과 성석제

〈내가 그린 히말라야시다 그림〉

2017년에 발표된 성석제의 단편 소설. 두 명의 서술자가 번갈아 가면서 이야기하는 1인칭 주인공 시점의 소설이다. 시간과 공간도 둘이다. 1970년대에서 몇 십 년쯤 지난 현재의 도시가 한 공간이라면, 1970년대 어느 지방의 소도시가 과거 회상의 공간이다.

상 받은 작품이 자기가 그린 그림이 아닌 걸 알면서 그걸 비밀로 간직한 소녀와 자기가 그린 그림인 걸 알면서 비밀로 간직한 소년의 이야기가 이 소설의 핵심 사건이다. 이를 통해 작가는 인생에서 '선택'이란 것이 어떤 의미를 지니는지, 한 번의 선택이 우리의 삶을 어떻게 바꿔 가는지를 보여 준다.

성석제의 작품 세계

성석제는 1960년 경상북도 상주에서 태어났다. 대학에서 법학을 전공했지만 1986년 '유리 닦는 사람'이라는 시로 문학계에 발을 디뎠다. 그는 여러 편의 소설, 시, 수필 등을 썼는데 그의 글을 읽다 보면 구수한 사투리에서 토속적인 분위기를 느끼기도 하고, 시나 판소리를 듣는 듯한 운율감을 느끼기도 한다. 그의 글은 인생에서 느끼는 여러 감정이 달콤쌉싸름, 새콤달콤, 매콤구수한 맛들이 두루 버무려진 것 같기도 하다. 그래서 사람들은 성석제를 '타고난 이야기꾼'이라고도 하고, 삶의 희로애락을 특유의 입담으로 풀어 간다고도 말한다. 〈황만근은 이렇게 말했다〉, 〈투명인간〉, 〈처삼촌 묘 벌초하기〉 등을 비롯하여 그의 여러 작품이 중·고등학교 교과서에 실려 있다.

확인해 볼까?

1. 다음 ㉠, ㉡ 속에 공통으로 들어갈 말은 무엇인가?

(㉠)는 작가가 작품에 담아내고자 하는 핵심적 의미이며, 사건을 이야기하는 것을 통해 구체화된다. 즉 이야기가 지니고 있는 의미인 셈이다. 구현하고자 하는 핵심적인 의미이다. 소설 속에서 쌓아 올려진 의미를 주제라고 할 수 있다. 소설의 주제는 이야기를 통해 구체화된다. 그러므로 소설의 (㉡)는 이야기가 지니고 있는 의미에 해당한다.

2. 다음 소설의 주제와 관련하여 여러 사람이 이야기를 나누었다. 적절하지 않은 것은?

> 황순원의 소설 〈소나기〉는 한적하고 아름다운 시골 마을에서 소년과 소녀가 개울가에서 만나고, 들판을 걷고 달리고, 소나기에 흠뻑 젖고, 그러다 소녀가 죽는 것으로 마무리된다. 인물 사이에 갈등이 있는 것도 아니다. 그러나 우리는 이 소설을 읽으며 작품에 담긴 하나의 생각이나 의미를 찾아낼 수 있다. 이 소설은 이렇게 끝난다.
>
> 그런데 참, 이번 계집앤 어린 것이 여간 잔망스럽지가 않아. 글쎄, 죽기 전에 이런 말을 했다지 않아? 자기가 죽거든 자기 입던 옷을 꼭 그대로 입혀서 묻어 달라고……

① 이 소설의 주제는 소년 소녀가 만나 이뤄지는 서정적인 이야기 속에 담겨 있어.

② 마지막 부분의 말을 통해 소년 소녀의 순수한 사랑이라는 작품의 의미를 느낄 수 있지 않을까?

③ 갈등이 고조되는 부분에 소설의 주제가 잘 드러나니까 소년과 소녀의 갈등 양상을 잘 추적해 보면 이 소설의 주제를 알 수 있어.

④ 소설 읽는 독자는 소설 속 소년과 소녀의 순수한 마음, 아름다운 분위기 등을 통해 주제를 이끌어 낼 수 있을 거야.

3. 〈내가 그린 히말라야시다 그림〉을 읽고 다음과 같이 정리해 보았다. 다음 빈칸을 채워 보자.

이 소설은 ( )가 두 명이다. 0과 1이 번갈아 이야기를 전개하고 있다. ( ), ( )적 배경도 둘로 나뉜다. 1970년대쯤의 어느 지방 소도시, 그로부터 몇십 년쯤 지난 도시가 배경이다. 이 작품에서 우리는 두 소년 소녀의 선택을 보며, 인생에서 ( )이란 것이 어떤 의미를 지니는지, 한 번의 ( ) 이 우리의 삶을 어떻게 바꿔 가는지를 생각하게 된다.

4. 〈내가 그린 히말라야시다 그림〉의 핵심 사건에서 소년과 소녀는 어떤 선택을 하는가?

짜임새 있게 이야기 해 주기

황석영의 〈아우를 위하여〉를
읽으며 알아보는
소설의 구성 방식

"동생들이랑 빈 건물이 많은 데를 지나가고 있었어. ○○동 산 근처 말이야. 근데 거기에 몸집이 크고 문신을 한 아저씨들이 모여 있더라고, 담배를 피면서. 우리를 보더니 오라고 손가락을 까닥까닥 하는 거야. '야, 도망쳐.' 하고 튀었는데 한 놈이 잡힌 거야. 어떻게 해. 형인 내가 가서 해결해야지. 용기를 냈지. '내 동생인데 그냥 보내 주세요. 왜 어린애들을 위협하고 그러세요?' 순간 아저씨들 킥킥 웃더라고. '야, 네 용기 땜에 네 동생 보내 준다. 빨리 꺼져.' 그러면서 옆에 있는 각목을 던지는 거야. 내 옆을 스쳐 지나갔는데, 큰일 날 뻔했어. 아무튼 다 무사했지. 내 덕에."

- 철수

"우리 학교 얼짱 말이야. 8반 예쁜 애. 1교시 끝나고 내 책상 위에 빵이랑 메모를 놓고 갔어. 애들이 박수 치고 난리 났지. 3일 전에 내가 할머니 댁에 갔다가 밤 9시 넘어서 집에 가고 있었어. 가는 길에 좀 으슥한 데가 있거든. 동네 양아치들이 한 여자애 주변에 모여 있는 거야. 보니까 세 명이더라고. 그중에 초등학교 2학년 때 같은 반 했던 애도 있었어. 근데 내가 그 녀석 다리 다쳤을 때 가방도 들어 주고 도와줬거든. '야, 김똘똘 너 뭐하는 거야?'

애들이 날 보더라고. 내가 또 태권도하고 검도 좀 했잖아. 녀석들이 이상하게 굴면 한 발 날려 주려고 했지. 똘똘이가 애들한테 뭐라고 말하니까 그중 대장처럼 보이는 애가 얘기 좀 하고 있었다고 그러는 거야. '난 그 아이랑 같은 학교 학생이다. 밤이 늦었는데 빨리 가게 하지 뭐하나?' 큰소리 한번 쳐 줬더니 슬금슬금 가더라고. 여자아이는 고마워 어쩔 줄 모르고……. 그러더니 오늘 우리 반에 온 거야."

– 영호

친구들의 모험담에 뒤질세라 다들 이야기를 거든다. 횡설수설 아무 이야기나 막 던지는 애가 있는가 하면 어떤 아이는 자기 아버지 어릴 적 모험담까지 꺼내 든다. 아예 이야기를 꾸며 대는 아이도 있다.

아이들 이야기를 듣다 보면 이야기를 들려주는 방식이 조금씩 다르다. 횡설수설 짜임새 없이 하는 이야기는 들어도 재미가 없고 무슨 이야기를 하려는지 잘 모르겠다. 철수 같은 아이는 자기가 겪은 일을 **일어난 순서대로** 말하고 있고, 영호는 조금 전에 있던 일부터 시작해서 며칠 전의 이야기로 되돌아가서 이야기한다. **시간이 거꾸로 흐르는 이야기** 방식인 셈이다. 아버지의 모험 이야기를 꺼내든 아이는 자신의 이야기 속에 아버지의 이야기를 끼워 넣는 방식, 즉 **이야기 속의 이야기**를 만들고 있는 것이다.

아이들은 자기 나름대로 이야기를 구성해 나간다. 이야기의 요소들을 연관성 있게 정리하여 풀어 나가는 것, **이야기의 짜임**이 바로 **구성**이다.

이제 소설 작품으로 돌아와 이야기의 짜임, 즉 구성에 대해 이야기해 보자. 이야기를 짜 나가려면 소설 속 인물이 어떤 배경 속에서 어떤 사건을 만들어 내는가 하는 구성의 세 가지 요소가 필요하다. 그러니까 **인물, 배경, 사건은 소설을 구성하는 요소들**이다. 이렇게 구성된 이야기들을 우리는 왜 읽는가? 그 속에 담긴 가치 있는 생각과 정신(주제)을 깨달으면서 우리 삶을 돌아보기 위함일 것이다.

황석영의 소설 〈아우를 위하여〉에도 용기와 모험의 이야기가 담겨 있다. 작품을 통해 **소설의 구성 요소와 구성 방식**을 배우고, **작품에 흐르는 깊은 생각**이 무엇인지도 느껴 보자. 이 소설은 '나'가 동생에게 보내는 편지 형태로 되어 있다.

나(수남)는 군대에 가는 동생에게 어린 시절 모험 삼아 노깡(토관, 하수도관 같은 것)에 들어갔을 때 느낀 공포와 두려움의 기억을 편지로 전한다. 그러나 어느 아름다운 분을 만나 진보(進步)의 의미와 사랑의 가치를 배웠다며……

이렇게 앞부분은 어른이 된 수남이 과거의 일을 회상하며, 공포를 느끼기 시작하면 거기에 사로잡혀 더 겁쟁이가 되고 만다는 자신의 경험을 동생에게 털어놓는다. '나'는 "우리를 위압하고 공포로써 속박하는 어떤 대상이든지 면밀하게 관찰하고 그것의 본질을 알아챈 뒤, 훨씬 수준 높은 도전 방법을 취하면 반드시 이긴다."는 말도 전한다. 이제 '나'의 편지는 19년 전 초등학교 교실에서 겪었던 구체적인 사건과 사람들 이야기로 이어진다.

'나'는 피난지에서 학교를 다니다가 서울로 전학을 오게 된다. 6·25 전쟁 때라 학급 아이들은 많았고, 나이가 많은 애들도 섞여 있었다. 메뚜기란 별명의 담임 선생님은 교육엔 별 관심이 없었고 밖으로 나다니기만 했다. 교실의 질서는 무너지고, 덩치 크고 힘센 아이들이 교실의 권력을 잡기 시작했다. 영래라는 아이는 또래보다 훨씬 나이가 많았고, 미군 부대 장교가 데려다 키우는 아이였다. 그는 각목으로 아이들을 위협하기도 하고, 아이들 의견은 무시하고 씨름 대회를 열자고 하는 등 자기 마음대로였다. 전 반장이었던 석환이 반대하지만 아이들은 힘 있는 영래를 따른다. 영래와 그를 따르는 패거리들은 부잣집 아이들에게 장난감, 극장표, 돈 같은 것을 갖다 바치게 했다. 아이들에게 돈을 걷어 몰래 빵을 사 먹기도 한다. 그런 일을 발설했다고 친구를 발길질하고 벌을 세우며 '배반자'로 몰아세운 일도 있었다. 나는 상급학교 진학을 위한 공부에 바쁘기도 했고, 두렵기도 하여 영래 패거리의 하는 일을 방관하고 있었다. 영래는 교실의 독재자였다.

이런! 혹시 우리 교실에도 이런 '독재자'가 있을까? 똑같지는 않더라도 자기가 마치 교실의 우두머리인양 다른 사람을 무시하고, 군림하는 사람이 있다. 때로는 약한 친구 한 명을 왕따 시키기도 한다. 몇 명이 무리 지어 반 분위기를 해치기도 한다. 우리는 마음속으로 미워하면서도 힘이 없어서, 또 내가 피해자가 될까 봐 두려워 숨죽이곤 하는 것이다. 분노와 무력감이 우리 속에 들끓게 된다.

그러던 어느 날, 여자 교생 선생님이 오게 되었다. 선생님이 될 준비를 하는 '병아리' 선생님은 혼자서면 좋은 사람이 될 수는 없다는 것, 한 사람이 잘못 생각하고 있었다면 여럿이서 고쳐 줘야 한다는 것, 모른 체하면 모두 다 함께 나쁜 사람들이라는 가르침을 준다. 영래 패거리가 돈을 걷어 허벅지까지 오는 외제 스타킹을 선물하지만, 선생님은 화를 내며 나쁜 어른들 흉내를 내지 말고 순수한 어린이의 마음을 잃지 말기를 당부한다. 또 기지촌(미군 부대 근처 마을) 아이들이 잘 사는 아이 도시락을 빼앗아 먹는 것을 보고는 도시락을 못 먹는 아이들을 위해 가능한 사람들은 도시락을 하나 더 싸 오자는 제안을 하기도 한다. 점차 학급의 분위기는 미움 대신 서로 돕는 방향으로 변화해 갔고, 화목해졌다.

아이들은 조금씩 변하고 있었지만 영래의 나쁜 짓은 계속되었다. 어느 날 학급회의 때 단체 활동에 빠졌다고 반 아이들에게 벌을 주는 영래를 보며 선생님은 혼자의 생각만 주장해서는 안 되며 여러 사람의 의견을 다 존중해야 한다고 충고한다. 마음을 모으겠다는 핑계로 자기 잘못을 감춰서는 안 된다며.

이 일로 영래 패거리들은 선생님을 미워하면서 선생님을 모욕하는 행동을 수시로 하곤 했다. 아이들의 수치심은 깊어졌다. 어느 수업 시간에 영래 패거리는 선생님의 욕을 쓴 쪽지를 아이들에게 돌린다. '나'는 그 쪽지를 다른 아이에게 돌리지 않고 갖고 있었다. 마음속에는 두려움이 컸지만.

그 패거리들이 쪽지가 어디 갔냐고 찾을 때 '나'는 용기 있게 일어선다. 내가 가졌노라고. '나'의 반발에 영래 패거리들은 코웃음을 치며 "그게(병아리 선생님) 네 깔치(애인을 속되게 이르는 말)냐?"고까지 말한다. '나'는 지지 않고 대들고 그동안 조용히 있던 석환도 나의 편을 들어준다. 종하라는 아이가 내 멱살을 잡고 바닥에 쓰러뜨리고 은수와 영래가 "밟아 버려, 밟아." 외치는 소리도 들렸다. 그러나 다른 아이들이 함께 몰려들어 그동안의 불만과 영래 패거리의 악행을 지적한다. 결국 종하는 아이들에게 사과를 한다.

작은 승리가 있기 위해서는 터닝포인트가 있었다. 교생 선생님의 등장과 그의 가르침이 그것이다. 아이들 마음속에는 자각이 생겼고 조금씩 분위기가 무르익었다. 그리고 이런 변화가 행동으로 이어지고 힘이 모아질 때 나쁜 패거리들은 힘을 잃는다.

〈아우를 위하여〉의 마지막 부분에서 '나'는 교실에서의 사건 이후를 다 이야기하면서 동생에게 힘을 주는 말로 편지를 마무리하고 있다.

선생님의 교생 실습이 끝나갈 때, '나'는 어머니께 부탁하여 선생님을 집으로 초대한다. 그리고 노깡이 나오는 악몽에 대해 털어놓았다. 노력도 하지 않고 두려워만 하면 비겁한 사람이 된다는 선생님의 말을 듣고 '나'는 두려움을 무릅쓰고 노깡에 들어가 본다.

"여럿이 윤리적인 무관심으로 해서 정의가 밟히는 일이 있어서는 안 될 거야. 걸인 한 사람이 이 겨울에 얼어 죽어도 그것은 우리의 탓이어야 한다. ……그이가 봄과 함께 오셨으면 좋겠다. …… 너의 몸 송두리째가 그이에의 자각이 되어라. 형은 이제부터 그이를 그리는 뉘우침이 되리라."

'우리!'라는 말이 가슴에 와 닿는다. 그리고 두려움을 일으키는 대상을 바로 볼 수 있어야 한다는 생각도 든다. 형이 사랑했던 '그

분'은 그저 한 사람의 교생 선생님이 아니었다. 올바름, 함께함, 두려움을 이겨 낼 용기 등을 두루 전해 준 존재였다.

이 소설은 형인 '나'가 아우에게 보낸 편지 형식으로 되어 있다. 이 편지 속에는 19년 전 교실의 이야기가 생생하게 담겨 있다. 형의 편지가 그림이나 사진이 담긴 액자라면 그림과 사진에 해당하는 것이 바로 19년 전 교실에서 일어난 일이다.

이처럼 **이야기 속에 이야기가 있는 구성 방식이** 바로 '액자식 구성'이다. 액자에서 중심은 그림이나 사진이다. 액자의 바깥 틀은 그림을 효과적으로 돋보이게 하는 방식인 셈이다.

작가들은 작품을 통해 자기의 뜻을 잘 전하고자 다양한 방식으로 작품을 구성한다. 〈아우를 위하여〉처럼 이야기 속에 이야기를 넣기도 하고, 여러 이야기를 모아 하나의 주제를 완성하기도 한다. 사건이 일어난 순서대로가 써 나가는 게 아니라 과거와 현재를 섞어 궁금증을 불러일으키기도 한다.

오늘 수업 열쇠말

1. 소설의 구성

이야기 짜임을 말한다. 집을 지을 때, 이 집은 이층으로 하고 방을 몇 개를 만든다, 거실을 크게 한다 등등 짜임새를 계획하듯 소설의 이야기도 어떤 기준을 갖고 논리적으로 배열한다.

구성의 3요소 인물, 사건, 배경

2. 소설 구성의 종류

이야기의 수에 따라

- 단일 구성 : 하나의 사건을 중심으로 이야기를 전개한다. 분량이 짧은 단편 소설은 단일한 이야기로 전개된다.
- 복합 구성 : 두 개 이상의 사건이 얽혀 이야기가 전개된다. 장편 소설은 단일한 사건일 때도 있지만 여러 사건이 복잡하게 짜여 있는 경우가 많다.

구성 방식에 따라

- 액자식 구성 : 이야기 속에 또 하나의 이야기가 포함되어 있는 구성이다. 그림이나 사진이 담긴 액자처럼 바깥의 틀 같은 이야기가 있고, 안의 그림 같은 이야기가 있다.

  내화 : 내부 이야기, 액자 소설에서 핵심 사건

  외화 : 외부 이야기, 내부 사건을 이야기하기 위한 도입부이거나 내부 사건이 돋보이도록 하는 바깥 이야기

- 연작 형식의 구성 : 같은 제목이나 주제 아래 서로 다른 각각의 이야기들이 엮어진 구성 방식이다. 양귀자의 〈원미동 사람들〉이란 소설을 보면 원미동에 사는 여러 사람의 이야기들, 즉 여러 개의 단편 소설이 모여 있다. 각각의 소설들은 독립된 다른 소설인 듯하지만 원미동이라는 변두리 지역에 사는 서민들의 삶의 애환이라는 주제를 담고 있으며 등장인물들이 겹치기도 한다.
- 옴니버스 구성 : 옴니버스(omnibus)란 합승마차라는 뜻이다. 같은 주제 아래 이야기를 늘어놓는 방식의 구성이다. 이야기와 이야기 간에 연결성은 없지만 같은 제목 같은 주제로 한 작품을 이룬다. 긴시습 〈금오신화〉에는 ㄷㅏ섯 편의 독립된 이야기들이 담겨 있지만 기이하고 신비로운 이야기들로 〈금오신화〉라는 동일한 작품을 이룬다.

사건의 진행에 따라

- 순행적 구성 : 시간 순서에 따라 전개되는 구성
- 역순행적 구성 : '현재-과거-현재', '과거-현재-과거-현재' 처럼 사건이 시간의 순서에 따라 진행되지 않는 구성

Q 〈아우를 위하여〉와 황석영

〈아우를 위하여〉

1972년에 발표된 황석영의 단편 소설. 어른이 된 '나(수남)'가 군대에 가는 동생에게 보내는 편지 형식의 소설이다. 편지 속에는 이 소설의 주요 사건인 19년 전의 경험이 회상의 형식으로 담겨 있다. 편지의 처음과 끝이 바깥 이야기(외화)라면 19년 전 사건은 안 이야기(내화)이다. 한 어린이가 자신의 두려움을 극복하고 성장해 갔다는 점에서 성장 소설이라 할 수 있다.

소설의 등장인물은 나(수남), 교생 선생님, 아이들, 영래와 그 패거리들이다. 나와 교생 선생님, 몇몇 아이들이 정의와 연대감, 민주적 의식을 추구하는 인물이라면 영래는 부당하게 군림하는 반민주적인 인물이다. 이 인물들이 6·25 전쟁 직후의 교실을 배경으로 서로 부딪히며 사건을 이뤄 간다. 소설의 사건은 갈등과 변화, 인물의 성장 속에서 흥미진진하게 전개된다.

이렇게 이 소설은 편지 형식 안에 또 다른 이야기로 담아낸 액자식 구성을 이루고 있다.

황석영의 작품 세계

'그가 없이는 우리 한국 현대사를 쓸 수 없다.'라는 말을 들을 정도의 작가인 황석영. 그는 해방이 되기 2년 전인 1943년 만주에서 태어났다. 해방 후 귀국하여 6·25 전쟁을 겪었고, 고등학교 입학 직후 4·19 혁명이 일어난다. 경복고등학교를 중퇴한 그는 《사상계》라는 잡지에 〈입석 부근〉이라는 소설을 발표하며 문단에 발을 들였다.

이후 베트남 전쟁 참전, 민주화 운동, 통일 운동 등 우리 현대사의 험난함을 두루 겪으면서 자기 경험과 우리 역사와 사회의 문제 등을 두루 작품에 담아 냈다.

떠돌이 노동자의 삶의 애환을 다룬 〈객지〉, 〈삼포 가는 길〉, 베트남전의 진실을 담아낸 〈무기의 그늘〉, 역사 속에서 울고 웃었던 민중의 삶을 그려 낸 〈장길산〉, 전쟁과 분단에서 빚어진 민족의 상처를 그려 낸 〈한씨 연대기〉, 〈손님〉 등을 썼다.

그는 작품으로 시대의 모순을 그려 냈고, 실천으로 그 모순에 대항했던 우리나라 대표적 작가이다.

✅ 확인해 볼까?

1. 소설에서 다음과 같은 구성 방식을 무엇이라고 하는가?

> 이야기 속에 또 하나의 이야기가 포함되어 있는 구성이다. 그림이나
> 사진이 담긴 액자처럼 바깥의 틀 같은 이야기가 있고, 안의 그림 같은
> 이야기가 있다.

2. 다음 중에서 적절하지 않은 설명을 두 개 고르면?

① 소설 구성의 세 요소는 인물, 배경, 사건이다.

② 장편 소설은 주로 한 가지 사건으로 이야기를 구성하는 단일 구성을
취한다.

③ 짜임새 있는 구성을 통해 작가는 이야기를 더 효과적으로 전달할 수 있다.

④ 김시습의 〈금오신화〉나 〈봉산탈춤〉 등은 옴니버스 구성이라 할 수 있다.

⑤ 여러 작가의 독립된 단편 소설들을 한 권의 소설집으로 묶을 때 연작
소설이라 부른다.

3. 소설 〈아우를 위하여〉의 구성 방식을 설명한 것으로 적절한 것은?

① 하나의 제목 아래 여러 편이 담긴 연작 소설이다.

② 현재와 과거가 여러 차례 교차되는 입체적 구성이다.

③ 다양한 주제와 사건들이 복합적으로 전개되는 복합 구성이다.

④ 여러 서술자가 1인칭 시점으로 돌아가며 자기 이야기를 전개하고 있다.

⑤ 외화, 내화로 구성된 액자식 구성이다.

4. 다음 글에서 (가)와 (나)의 구성 방식의 차이는 무엇인가?

(가) 홍길동은 자신이 서자이기 때문에 아버지를 아버지라 부르지 못하고 관직에도 오르지 못하는 등 차별을 받고 있는 상황에 분노하며 집을 떠난다. 활빈당의 우두머리가 된 그는 부패한 관리들의 재물을 빼앗아 굶주린 백성에게 나눠 주기도 하고, 나라를 침략한 외적을 무찌르기도 한다. 우여곡절 끝에 그는 율도국의 왕이 되어 어진 정치를 베푼다.

(나) 율도국의 왕이 된 홍길동은 자신이 집을 떠나온 때를 회상한다. 초란이라는 아버지의 첩이 자신을 시기하여 자객을 보낸 일이며, 아버지에게 인사를 하고 집을 떠났던 일을 떠올린다. 길동은 활빈당 우두머리가 된 일이며 오랑캐를 무찌르던 일, 도술을 부려 여덟 명의 홍길동을 만들어 냈던 일도 생각한다. 회상에서 벗어난 그는 율도국을 더 강성하게 만들겠노라고 다짐한다.

왜 이렇게
얽히고
설키는
걸까?

현덕의 〈나비를 잡는 아버지〉를
읽으며 알아보는
소설의 갈등

철수가 자기의 고민을 이야기한다.

"나, 요즘 엄마랑 갈등이야. 엄마는 내가 좋은 대학 못 가면 살 길이 없대. 우리 동네 근처에 빈민촌이 하나 있거든. 철거 당한 사람들이 사는 마을인가 봐. 엄마는 매일 말해. '너, 저 아랫마을 사람들 좀 봐. 공부 못하면 저 꼴 되는 거야.' 아니, 내가 공부 못하고 싶어 못하는 거냐고. 나도 학원 다니고, 과외 하고 할 거 다 하잖아. 열심히 해도 성적이 안 오르는데 어떻게 해. 그리고 왜 가난한 사람을 모욕하냐고. 엄마가 매일 공부, 공부 할 때마다 그냥 집 나가고 싶어. 어제도 엄마한테 악쓰면서 대들었거든."

영희도 속마음을 이야기한다.

"난 말이야. 연기자가 되고 싶거든. 근데 요즘 연기자 하려면 얼굴도 예뻐야 하고, 몸매도 좋아야 하고 집에서 어느 정도 뒷받침해 줘야 하잖아. 솔직히 나 열등감 만땅이야. 생긴 것도 그렇고, 집안 형편도 그렇고……."

학생들이라면 조금씩은 이런 고민들이 있다. 부모님과의 갈등, 친구와의 갈등, 자기 마음속의 갈등, 자기가 살고 있는 환경에서 오는 갈등……. 뭔가 풀리지 않아 끙끙거리는 그런 상태. 우리 삶은 갈등의 연속인가 보다. 갈등이란 말은 어디서 온 말일까?

여름 산을 지나다 보면 어떤 덩굴이 다른 나무들조차 휘감으며 얽히고설키는 걸 볼 수 있다. 풀래야 풀 수 없는 매듭처럼 엉켜 있어, 우리 마음도 얽혀들 것 같다. 그 덩굴은 칡덩굴이다. (칡 갈葛) 학교 정원에 그늘을 드리우는 나무 하나가 있다. 예쁜 꽃도 핀다. 그 나무 줄기를 보면 어찌나 꼬여 있는지! 그 나무는 등나무이다. (등나무 등藤)

갈등이란 말은 **칡과 등나무**(葛藤)에서 나온 말이다. **꼬이고 얽혔다**는 뜻이다.

가만히 지금 나의 모습을 돌아보자. 내 마음속 고민은 무엇인가? 나는 어떤 사람과 대립하고 있는가? 세상의 어떤 점이 나를 힘들게 하는가? 이런 물음을 던지다 보면 갈등의 의미가 쉽게 다가온다. 그리고 우리 삶을 반영하는 소설은 이런 갈등을 축으로 전개된다. 소설은 꼬이고 얽혔다가 그것이 풀리는 과정이기도 하다. 그 과정 속에서 우리는 흥미진진함을 느끼고, 작가가 무슨 의미를 전하고자 하는지 깨닫게 된다.

현덕의 〈나비를 잡는 아버지〉를 읽으며 어떤 이야기인지, 어떤 갈등이 그 소설에 자리 잡고 있는지를 알아보기로 하자.

바우와 경환은 같은 동네 소학교를 나왔다. 마름 아들인 경환은 서울 상급 학교를 가고, 바우는 집에서 농사를 도와야 했다. 바우는 상급 학교에 가지 못하는 것이 안타까웠지만 그림을 그리는 데서 즐거움을 느꼈다.

여름 방학 때 집에 돌아온 경환. 바우는 그가 뻐기며 다니는데다 나비를 잡는다고 동네 애들을 몰고 다니는 것이 못마땅했다. 그가 부르는 유행가도 싫었다.

바우와 경환은 상반된 환경 속에 살고 있다. 경환은 마름 아들이고 서울에서 학교를 다닌다. 마름은 지주를 대신해서 땅을 빌려 농사를 짓는 소작인들을 관리하는 사람이다. 바우는 상급 학교에 못 가고, 소에게 풀을 뜯기고 집에서 땅이나 파고 있다고 했으니 소작인 아들일 것이다. 마름은 지주 대신 땅을 관리하니 농촌에서 큰 힘을 갖고 있을 것이고, 소작인들은 마름 앞에서 굽신거릴 수밖에 없다.

이 소설의 배경은 일제 강점기 1930년대쯤일 것 같다. 지금의 초등학교에 해당하는 소학교라는 이름이라든가, 경환이 흥얼거리는 유행가라든가, 현덕이라는 작가가 활동할 때 등을 두루 생각하면 1930년대의 농촌이다. 계절은 여름.

어느 날, 나비를 잡던 경환과 바우 사이에 말다툼이 일어난다. 경환은 바우네 참외밭을 함부로 밟고 심술을 부리며 바우와 몸싸움을 하다 나둥그러진다. 이 일로 바우 어머니, 아버지가 모두 경환이 집에 불려간다. 아버지는 바우가 그리던 그림을 찢고는 나비를 잡아 경환에게 갖다 주라는 것이었다. 나비를 잡아가지 않으려거든 밥도 먹지 말고, 집에도 들어오지 말란다.

야속함과 노여움에 사무쳐 바우는 산에 올라가 집을 나가 서울로 가 고학을 해야겠다는 생각도 한다.

드디어 갈등이 드러나고 그것이 점점 얽히고설킨다. 자, 어떤 갈등이 보이는가?

우선 바우와 경환이 사이의 갈등이다. 갈등의 원인은 나비이다. 경환은 표본을 만든다고 나비를 잡고, 바우는 함부로 나비를 잡는 경환이 밉다. 바우에게 나비는 잡아야 할 대상이 아니라 자기가 생활하고 그림도 그리는 자연의 일부이다. 뻐기면서 애들을 몰고 다니는 경환도 싫다.

갈등은 더 커진다. 경환이 심술을 내며 바우네 밭을 막 밟았기 때문이다. 그러면서 경환은 그 땅이 자기네 땅이라 한다. 바우네가 빌려서 농사를 짓는 밭이라서. 자, 두 사람이 갈등할 수밖에 없는 상반된 상황과 생각들을 살펴보자.

바우	경환
소작인 아들	마름 아들
집에서 농사를 지으며 그림을 그림.	상급 학교에 진학함.
유행가나 부르며 애들 몰고 다니며 나비를 마구 잡는 경환이 미움.	표본을 만든다고 나비를 잡음. 뻐기는 태도를 보임.
양식을 내는 밭이 나비 잡는 것보다 소중하다고 따짐.	바우네 밭을 함부로 밟으며 자기네 땅이라 마음대로 밟아도 된다고 함.

이러다 바우는 경환의 멱살을 잡게 되고 경환은 유도로 바우를 넘어뜨리려 하지만 넘어지고 만다. 갈등은 또 다른 양상으로 번져 간다.

바우	아버지
잘못한 게 없다고 생각함. 아버지가 야속함. 집을 나가 고학할 생각도 함.	바우의 그림을 찢음. 나비를 잡아 갖다 주고 빌라고 함. 그러지 않으면 집에 들어오지도 말라고 함.

자, 이 작품 속에서 우리는 바우와 경환의 갈등, 바우와 아버지의 갈등, 바우 내면의 갈등을 모두 보게 된다. **인물과 인물의 갈등이 있고, 인물 내면의 갈등도 조금 나타낸다. 집을 나가 버릴까 잠시 고민하는 바우의 모습은 내면의 갈등이다. 그러나 이 모든 갈등의 바탕에는 마름과 소작인이라는 신분의 차이와 경제적 차이에서 오는 사회적 갈등이 도사리고 있다.**

흔히 소설의 갈등을 내적 갈등과 외적 갈등으로 구분한다. **내적 갈등은 개인의 마음속에서 일어나는 갈등**이다. 이런 일을 하면 될까, 안 될까? 이럴까, 저럴까? 하는 망설임이 내적 갈등일 것이다. 돈 천 원이 있는데 빵을 사 먹을까, 천 원을 빌려 달라는 친구를 빌려줄까? 교실에서 만 원을 주웠는데 가질까 아니면 주인 찾아 줄까? 내적 갈등을 일으키는 상황은 무수히 많다. 소설에서든, 현실에서든.

외적 갈등은 인물 사이의 갈등, 인물과 사회의 갈등, 인물과 환경의 갈등 등 여러 양상으로 나타난다. 〈나비를 잡는 아버지〉에는 인물과 사회의 갈등에서 비롯된 인물 사이의 갈등이 담겨 있다. 소작인이라 경제적 여유도 없어 중학교에도 못 가고, 함부로 무시를 당하고, 마름의 눈치를 봐야 하는 등 불평등한 사회의 구조가 바우와 경환, 바우네와 경환네, 바우 아버지와 바우의 갈등을 일으킨 것이다.

바우는 산에서 내려오며 누군가 나비를 잡는 것을 본다. 경환인가 싶어 업신여기는 비웃음을 던지던 바우는 그 모습이 어른인 걸 알고, 경환이가 머슴을 시켜 나비를 잡는구나 생각하고 또 비웃는다. 그러나 그 사람은 아버지였다. 밭두덩을 지척지척 돌며 나비를 쫓는 아버지. 바우는 지금까지의 어두운 마음에서 벗어나 아버지가 한없이 정답고, 그립고, 아버지를 위하여서 못할 일이 없을 것 같았다. 그는 울음이 되어 터져 나오려는 마음을 안고 아버지를 외쳐 부른다.

이렇게 얽히고 꼬인 상황은 어떻게 풀려 나갈까? 마지막 부분을 읽으며 마음이 뭉클해진다. 인물과 사회의 갈등은 여전히 남아 있지만 아버지와 바우의 냉랭한 갈등은 부자의 사랑으로 녹아 버린다. 아들을 몰아세웠지만 아버지는 허둥거리며 자기가 나비를 잡는다. 그런 아버지를 보는 바우는 아버지에게 한없는 사랑을 느낀다.

바우는 아버지와 나비를 잡고, 경환네에 가서 빌지도 모른다. 아니면 아버지가 바우 대신 나비를 들고 경환네에 갈지도 모른다. 어떤 것이든 독자는 마음 아프다. 그러면서 울음을 참고 아버지를 부르는 바우의 처지에 공감하고, 가난한 소작인 부자의 삶에 아파하고, 부조리한 세상을 실감할 것이다.

1. 갈등

갈등은 칡 갈(葛), 등나무 등(藤)에서 비롯된 말이다. 소설의 인물이 여러 상황 속에서 얽히고설킨 상태를 '갈등'이라고 한다.

2. 갈등의 유형

내적 갈등

개인의 마음속에서 일어나는 갈등이다. 두 갈래 또는 여러 갈래 선택에서 망설이고 고뇌하는 상황을 겪을 때 '내적 갈등'이라 한다.

외적 갈등

• 인물과 인물의 갈등
• 인물과 사회의 갈등 : 사회 윤리나 제도 또는 사회적 상황으로 인해 빚어지는 갈등을 말한다. 사회와 역사적 상황의 문제점을 담아낸 소설들에는 다 개인과 사회의 갈등이 있다.
• 인물과 자연 사이의 갈등 : 빙하기를 겪거나 환경 파괴를 겪는 지구를 위해 싸우는 영화들이 있다. 거기에 나타나는 갈등이 인물과 자연 사이의 갈등이다.
• 인간과 운명 사이의 갈등 : 비극적 운명 속에서 고통을 겪는 인간의 모습을 담은 그리스 신화 〈오이디푸스〉 이야기는 인간과 운명의 갈등을 잘 보여 주는 이야기다.

Q 〈나비를 잡는 아버지〉와 현덕

〈나비를 잡는 아버지〉

1930년대 어느 여름, 어느 시골 마을을 배경으로 펼쳐지는 단편 소설이다. 전지적 작가 시점으로 전개된다.

이 소설의 주인공 바우는 소작인 아들이며 그와 싸움을 벌이는 경환은 마름의 아들이다. 나비 한 마리 때문에 싸움이 벌어지고, 이 싸움이 두 집 사이의 갈등으로 번져 아버지와 어머니까지 난처하게 만든다. 이 같은 갈등의 뒤에는 마름과 소작인이라는 계층 차이와 소작인이 한없이 약자일 수밖에 없는 농촌의 문제점이 자리 잡고 있다.

그래서 표면적으로는 바우와 경환의 갈등, 바우 부모님이 바우네 집에서 당하는 부당한 대우, 바우 아버지와 바우의 갈등 등 인물 간의 갈등이 드러난다. 아버지에 대해 반감을 갖고 내적 갈등을 겪는 바우의 모습도 그려진다.

3인칭 서술자를 통해서 서술되지만 서술자는 바우의 입장에서 사건을 그려 내며 정서적으로 바우와 가깝다. 작가가 그만큼 당시 소작인 계층에 더 공감한다고 볼 수 있다.

바우 대신 나비를 잡는 아버지, 그 아버지를 안타까워하며 깊은 애정과 슬픔을 느끼는 바우. 이렇게 이 작품은 아버지와 아들의 사랑으로 마무리된다. 계층 간의 갈등에서 빚어진 모든 갈등이 사랑을 이길 수는 없다.

책을 읽는 사람들은 바우의 현실, 가난한 농촌의 소작인 가족이 겪는 현실을 안타깝게 여기며 깊은 감동과 연민을 느낄 것 같다. 그리고 가슴 깊은 곳에서는 분노까지도.

현덕의 작품 세계

1909년 서울에서 태어났다. 본명은 현경운이다. 제일고등보통학교를 다니다 집안 사정이 어려워 자퇴하고, 일본에서 신문 배달, 페인트공 등의 일을 했다.

1932년 《동아일보》 신춘문예에 〈고무신〉이라는 동화가 가작으로 뽑혔고, 1938년 〈남생이〉가 《조선일보》 신춘문예에 당선되었다. 그는 농민들의 삶, 농촌 공동체가 해체되는 현실, 도덕심을 잃어 가는 사회 등 일제 강점기 우리의 현실을 작품 속에 담아냈다.

그의 작품에는 〈나비를 잡는 아버지〉처럼 아이들이 주인공 또는 관찰자로 등장하는 작품이 많다. 〈남생이〉는 노마라는 소년의 눈을 통해 농촌에서 이주한 하층민 부부의 삶을 그려 낸 작품이다. 노마의 아버지는 몸이 아파 점점 신경질적인 사람으로 변해 가고, 어머니는 병에 술을 담아 파는 들병장수를 하며 생계를 꾸려 간다. 1930년대 인천 부둣가가 배경이다.

〈하늘은 맑건만〉은 양심의 가책과 친구의 유혹 사이에서 괴로워하는 문기라는 소년의 이야기다. 우연히 거스름돈을 많이 받게 된 문기는 이 사실을 친구에게 이야기하고 함께 쓰기로 한다. 마음을 돌이키려 하지만 친구의 협박을 받아 자꾸 문제가 생긴다. 결국에는 삼촌에게 모든 사실을 고백하고 마음의 자유를 얻는다.

현덕은 6·25 전쟁 당시 북으로 가 활동했으며 정확한 사망 시기는 알려지지 않았다.

✓ 확인해 볼까?

1. 〈나비를 잡는 아버지〉의 내용과 가장 거리가 먼 것 두 개를 고르면?

① 바우는 소작인의 아들이고, 경환은 마름의 아들이다.

② 바우는 경환이 유행가나 부르며 동네 아이들 몰고 다니는 것을 못마땅해 하고 있다.

③ 바우의 아버지는 평소에도 바우가 그림을 그리는 것을 못마땅해 했다.

④ 바우의 아버지가 경환네에 쩔쩔매는 것은 땅을 빌려 농사를 짓고 있기 때문이다.

⑤ 아이들 싸움에 어른이 끼어들어 문제를 크게 만드는 것을 비판하고 있다.

2. 다음 글을 읽고 이 소설에 나타난 갈등에 대해 이야기해 보자.

> 평생 북을 치며 방랑의 삶을 살아온 민 노인은 아들 집에 얹혀산다. 민 노인의 아들 민대찬은 가정을 돌보지 않았던 아버지에게 원망의 마음을 품고 있다. 민 노인이 고향 친구들 앞에서 북을 친 날 대찬은 아버지 때문에 자신의 체면이 깎였다며 북을 치지 말라고 한다.
>
> 가족 중에서 노인의 삶을 이해해 주는 사람은 손자 성규이다. 성규는 할아버지에게 자기 학교의 봉산 탈춤 공연에 참가해 달라고 부탁하고, 민 노인은 망설이다가 허락한다. 공연을 무사히 마치고 돌아온 날 며느리는 북을 친 것에 대해 민 노인을 몰아세운다. 대찬은 할아버지에게 북을 치게 한 성규를 심하게 나무란다.
>
> — 최일남, 〈흐르는 북〉 줄거리 일부

1) 이 소설에 나타난 주요 갈등 양상은 외적 갈등인가, 내적 갈등인가?

2) 어떤 인물들 사이에 갈등이 일어나는가?

3. 다음 왼쪽의 설명에 가장 적합한 갈등 양상을 오른쪽에서 찾아 줄을 그어 보자. (하나의 갈등 속에 다른 갈등 양상이 복합적으로 존재할 수 있지만 그래도 가장 가까운 것을 찾아본다.)

마음속의 망설임이나 고민을 담은 이야기 •	• 인간과 사회의 갈등
인물과 인물 사이에 서로 경쟁하는 이야기 •	• 인간과 운명의 갈등
사회 윤리나 제도 또는 사회적 상황으로 인해 빚어지는 갈등을 담은 이야기 •	• 내적 갈등
빙하기를 겪거나 환경 파괴를 겪는 지구를 위해 싸우는 이야기 •	• 인간과 인간의 갈등
비극적 운명 속에서 고통을 겪는 인간의 모습을 담은 이야기 •	• 인간과 자연의 갈등

흠뻑 빠져 읽게 만드는 힘

황순원의 〈소나기〉를
읽으며 알아보는
소설의 구성 단계

첫사랑! 이 말을 들으면 우리는 맘이 설렌다. 많은 사람들이 아쉽고 가슴 시린 풋풋한 사랑의 기억을 품고 있을 것이다. 왠지 눈길을 끌었던 그 아이, 왠지 장난을 치고 싶었던 그 아이, 툭툭 안 좋은 말도 던져 보던 그 아이. 무관심한 척 곁눈질로 쳐다보기만 했던 그 아이. 말도 주고받고 친하게 지냈는데 바쁜 성장기 속에서 헤어져 버리고 만 그 아이……. 몇 사람이 모여 자기의 첫사랑 이야기를 하다 보면 수많은 사연이 쏟아져 나올 것이다. 한 편의 수채화 같은 이야기, 눈물 어룽거리는 슬픈 이야기, 때론 행복한 결말을 맺는 이야기 등.

황순원의 〈소나기〉는 국민 첫사랑 소설이다. 철들 무렵 〈소나기〉를 읽으며 아련한 첫사랑의 이야기에 젖어 들었던 사람이 얼마나 많았으랴? 이야기 속의 소년, 소녀는 만나고, 뭔가 끌리고, 친해지고, 그들의 풋풋한 사랑을 읽어 가는 독자들은 점점 설레며 이별의 순간이 올까 봐 조바심치다가 결국엔 작품의 슬픈 결말에 이른다.

오늘 소설 구성의 5단계에 맞추어 그 사랑의 이야기를 들어 보자.

발단

소년은 개울가에서 서울서 왔다는 윤 초시네 증손녀를 만난다. 목덜미가 희고 분홍 스웨터를 입은 소녀였다. 소녀는 징검다리에 앉아 물장난을 하고 있었다. 소극적인 소년은 비켜 달라는 소리도 못하고 소녀가 징검다리에서 비키기만을 마냥 기다린다. 소녀는 물속에서 조약돌 하나를 집어 '이 바보'라고 하며 소년에게 조약돌을 던진다. 소년은 그 조약돌을 주워 주머니에 넣었다.

'발단'이란 '처음 시작'이라는 뜻이다. 소설 작품 첫 부분을 읽으면 배경은 어떻고, 어떤 인물이 등장하는지 알아챈다. 또 어떤 이야기일지 아리송하긴 하지만 짚이는 게 있다. 사건의 실마리가 보이는 것이다. 〈소나기〉의 발단 부분을 읽어 보니 개울이 흐르는 어느 시골 마을임을 알 수 있다. 그리고 분홍 스웨터를 입고 얼굴이 하얀 소녀가 있다. 그리고 말도 못 거는 수줍은 소년이 나온다. 그런데 그 소년에게 '바보'라고 하며 조약돌을 던지는 건 왜지? 뭔가 이상한데. 넌 왜 말도 못 거니? 뭐 그런 건가? 둘 사이에 무슨 일이 진행될 것만 같다. 힌트를 하나 주자면 분홍 스웨터, 하얀 얼굴, 조약돌은 사건이 진행되며 가끔씩 다시 등장할 예정이라는 것이다.

전개

며칠 동안 소녀가 보이지 않았다. 소년은 왠지 모를 허전함을 느낀다. 개울물에 자신의 얼굴을 비춰 보던 소년은 자신의 검은 얼굴이 싫었다. 개울물을 움키던 소년의 모습을 소녀가 보고 있었다. 당황하여 도망가던 소년은 디딤돌을 헛딛고 코피도 흘렸다. 며칠 동안 소녀는 보이지 않다가 개울가로 나온다. 소녀가 조개 이름을 물으며 두 사람은 조금씩 서먹함이 가시고 산 너머까지 가 보기로 한다.

소년과 소녀는 함께 달리며 논의 허수아비도 보고 원두막도 지난다. 소년은 참외밭에 가서 무를 뽑아 소녀에게 주기도 하고 꽃을 꺾어 소녀에게 건네기도 한다. 송아지에 자랑스럽게 올라타기도 하면서⋯⋯. 그때 농부 한 사람이 지나가며 말을 던진다.

"어서들 집으로 가거라. 소나기가 올라."

'전개'는 열려 나타난다는 뜻이다. 실마리만 보이던 발단 부분이 지나면서 실이 풀려나오듯 이야기가 진행된다. 〈소나기〉의 전개 부분에서는 소년 소녀 사이가 발전되어 간다는 걸 알 수 있다. 이야기가 펼쳐지는 것이다. 발단 부분에서 목덜미 하얀 소녀를 바라보던 소년은 이제 전개 부분에서는 자기의 검은 얼굴이 싫어진다. 또 소녀가 지켜보는 걸 알고 도망가다가 코피까지 터진다. 서술자가 직접 '소녀를 좋아하는 마음이 싹텄다.' 이렇게 말하지는 않지만 독자들은 감을 잡게 되는 것이다. 이야기는 누에고치에서

실을 뽑듯 쭉쭉 이어진다. 개울가에서 바라보기만 하던 두 사람이 함께 달리고, 소년이 무를 뽑아 주기도 하고, 꽃다발도 건네니 엄청난 진전이다. 그런데 여기서 소년 소녀에게 위기를 선사하는 '소나기'가 내린다. **뭔가 이야기를 꼬이게 하는 갈등의 실마리가 보이는 것이다.** 순탄하게 두 아이가 친해지고 행복하게 지내면 좋을 텐데.

위기

바람이 불더니 주위가 보랏빛으로 변하고 굵은 빗방울이 떨어지기 시작했다. 소년 소녀는 원두막에서 비를 피하지만 소녀는 입술이 파랗게 질리고 어깨를 떨고 있었다. 소년은 자기의 겹저고리를 벗어 소녀의 어깨를 감싸 주고 수숫단을 날라다 덧세워 비와 추위를 막아 준다. 비가 그친 뒤 물이 불었다. 소년은 소녀를 업어서 개울을 건넜다.

이제 '위기' 부분이다. 위험한 고비나 시기를 뜻하는 말이다. 전개 부분에서 어느 농부 아저씨가 '소나기가 올라.'라고 말해 주었고, 하늘에는 먹장구름이 떠 있더니만 소나기가 내린다. 소나기가 쭉 펼쳐져 가던 사건에 위기를 불러일으킨 것이다. 밝고 찬란한 날씨에 소년 소녀가 즐겁게 놀았으면 좋을 텐데, **사건에 변화가**

생긴 것이다. 독자들의 걱정도 커져 가고, 어찌 될까 궁금증도 높아 간다.

절정

그 뒤로 소녀의 모습은 보이지 않았다. 5학년 여자 반을 기웃거렸지만 소녀는 없었다. 다른 날처럼 소년이 주머니의 조약돌을 만지작거리며 개울가로 나간 어느 날 소녀가 개울가에서 소년을 기다리고 있었다. 소나기를 맞은 뒤 조금 앓았었노라고. 소녀의 분홍 스웨터에 검붉은 얼룩이 있었다. 도랑을 건널 때 소녀를 업은 소년의 옷에서 옮은 물이라고 말하니 소년의 얼굴이 붉어진다.

소녀는 맛보라고 대추를 주며 이사를 가게 되었다고 말한다. 소녀의 눈에 쓸쓸한 빛이 돌고, 안타까움도 서러울 것도 없는 듯한데 소년은 자기가 씹는 대추의 맛을 느낄 수 없었다. 그리고 소녀에게 먹이고 싶어 다른 집 호두를 몰래 딴다.

'절정'은 산의 맨 꼭대기를 가리키는 말이다. 어떤 이야기나 사건이 최고조에 달했다는 뜻이기도 하다. 절정 부분을 읽을 땐 우리 마음도 최고조로 설레며 최고조로 안타깝다.

'이제 두 아이가 친해졌는데 못 만나네.'

'와, 소녀가 소년을 정말 좋아하는구나. 도랑을 건널 때 소년에게 업혀서 옮은 물이 그대로 있는 스웨터를 입고 있구나.'

'그런데 이사를 해야 해. 너무 안타까워.'

'소년이 호두를 몰래 따는 거 봐. 평소에는 귀찮아서 하지 않던 일을 소녀를 위해 하는구나!'

결말

시간이 흘렀다. 개울물이 날로 여물어 갈 때쯤 소년은 소녀네가 내일 이사를 간다는 말을 듣는다. 밤에 누워 호두를 만지작거리며 소녀네가 이사하는 걸 가 보나 어쩌나 생각하다가 잠이 들었다. 마을 갔다 돌아온 아버지가 어머니에게 소녀가 죽었다는 말을 하는 게 아닌가. 이런 말을 덧붙이면서.

"어린 것이 여간 잔망스럽지가 않아. 글쎄, 죽기 전에 이런 말을 했다지 않아? 자기가 죽거든 자기 입던 옷을 꼭 그대로 입혀서 묻어 달라고……."

'결말'은 어떤 일이 마무리되는 끝을 뜻하는 말이다. 소녀의 죽음으로 두 주인공은 영원한 이별을 하게 된다. 독자의 궁금증이나 조바심도 슬픔과 아쉬움으로 마무리된다. 소녀가 자기가 입던 옷을 그대로 입혀서 묻어 달라고 했다는 아버지의 말로 소설은 끝나 버리지만, 우리는 서술자가 말하지 않고 있는 소년의 표정, 심정을 상상하며 슬퍼하게 될 것이다.

소년 소녀의 만남 → 서로가 친해짐 → 소나기라는 위기 상황 속에서 마음이 깊어짐 → 서로 좋아하는 마음이 커지면서 아쉬운 이별을 예감 → 소녀의 죽음으로 영원한 이별

이런 이야기의 흐름 속에서 우리는 흥미를 느끼고, 같이 즐겁고, 설레고, 궁금하고 안타깝다가 슬픔을 느끼며 책을 덮는다.

한 가지가 궁금해진다. 우리가 읽는 모든 소설이 '발단, 전개, 위기, 절정, 결말'의 다섯 단계를 거치는 것일까? 꼭 그렇지는 않다. 다만 이야기가 재미있게 펼쳐질 수 있는 구성 단계가 일반적으로 이 다섯 단계일 뿐이다. '발단, 전개, 절정, 결말'의 네 단계로 나눠질 것 같은 이야기도 있고, 가장 흥미진진하고 땀을 쥐는 순간에 끝나 버리는 '발단, 전개, 위기, 절정' 또는 '발단, 전개, 절정' 등의 단계도 있을 것이다.

왜 소설에는 이런 구성 단계가 있는 것일까? 그건 구성 단계가 있을 때 더 흥미를 갖고 이야기 속에 빠져들 수 있기 때문일 것이다. 어떤 사랑 이야기를 다룬 드라마를 볼 때 '주인공이 만나 그냥 순탄하게 사랑하다가 끝까지 행복했다.'면 그걸 보는 사람들은 그냥 심드렁해져서 이야기에 빠지지 못할 것이다.

그럼, 왜 우리는 이야기 속에 빠져들어야 하지? 이야기에 빠져들면서 행복감이든, 슬픔이든, 공포든 마음에 울림을 느끼면서 우리네 삶을 돌아보게 되기 때문일 것이다.

오늘 수업 열쇠말

1. 소설 구성의 5단계

소설의 인물이 어떤 배경 속에서 사건에 휘말리다 보면 갈등이 생긴다. 그것이 점점 고조되고 절정에 다다랐다가 해결되는 과정이 이어진다. 그래서 소설의 이야기는 흔히 '발단, 전개, 위기, 절정, 결말'의 다섯 단계로 나뉘어 전개된다고 말한다.

발단 인물과 배경이 소개되고 사건의 실마리가 보이며 사건의 방향을 짐작할 수 있다.

전개 사건이 점차 발전하면서 갈등의 실마리가 보인다.

위기 갈등이 고조되고, 사건의 긴장감이 높아 간다.

절정 긴장과 갈등이 최고조에 이르며 주제도 가장 잘 드러난다.

결말 얽혔던 사건이 결말에 이루고 갈등이 해소된다. 비극적이든, 행복하든 작품이 끝맺게 되는 것이다.

2. 소설 결말의 양상

결말에 따라서는 완벽한 끝맺음을 맺고 사건이 확실하게 종결되기도 하고, 상상의 여지를 주면서 다양한 결말을 가능하게 만들기도 한다.

닫힌 결말 작가가 사건을 확실하게 매듭지어 완결된 형태를 보여 주는 결말. 대부분의 고전 소설은 닫힌 결말에 해당한다.

열린 결말 작가가 마무리를 짓지만 그 뒷이야기를 생략하여 독자들이 남은 이야기를 나름대로 상상하도록 만든다.

Q 〈소나기〉와 황순원

〈소나기〉

1953년 5월《신문학》지에 발표된 단편 소설이다. 어느 농촌을 배경으로 소년과 소녀의 순수한 사랑을 보여 준다.

소년과 소녀가 만나 서로를 알아가고 소중한 마음을 확인하게 되고 이별하는 모든 일이 시간의 흐름에 따라 진행된다. 소설을 읽다 보면 시골의 풍경이 머릿속에 그려진다. 한 폭의 수채화처럼 아름답다.

공간 배경이 시골 마을이라면 계절 배경은 가을이다. 소년과 소녀는 가을 걷이하는 논길을 지나고, 들국화가 핀 들길을 지난다. 소년이 소녀에게 주려고 호두를 따는 것을 보니 가을은 더 깊어진다. '개울물이 날로 여물 듯'이라는 표현을 통해 가을이 더욱 깊어 감을 느끼게 한다.

작품의 시점도 눈여겨보자. 이 작품은 3인칭 관찰자 시점이다. 우리는 '이 바보'라고 하며 돌을 던지는 소녀의 모습은 보지만 그 마음이 어떤지는 짐작할 뿐이다. 소년이 소녀에게 주려고 딴 호두를 만지작거리며 갈꽃을 휘어 꺾는 모습을 보며 또 소년이 소녀를 그리워하는 것을 어렴풋이 느낀다. 서술자가 작품 속의 등장인물이 아니라 작품 밖에서 사건을 전개해 나가고 있지만, 등장인물의 심리까지 다 아는 듯 서술하는 전지적 작가 시점과는 다르다.

이 〈소나기〉의 실제 배경이 되는 마을이 정확히 나와 있지는 않지만, 소녀네가 양평읍으로 이사 간다는 내용 등으로 미루어 양평군의 한 마을일 것 같다.

경기도 양평군 서종면 수능리에는 '소나기 마을'이 있다. 황순원 작가의 문학 세계를 기리기 위해 조성된 공원 같은 곳이다. 이곳에 가면 황순원의 작품 세계와 〈소나기〉라는 아름다운 소설의 분위기를 흠뻑 맛볼 수 있다.

황순원의 작품 세계

황순원(1915~2000)은 1915년 3월 26일, 평양에서 가까운 평안남도 대동군 재경면 빙장리에서 태어났다. 일제 강점기에 어린 시절과 청년 시절을 보냈고, 분단과 전쟁으로 실향민이 되었으며, 전쟁 후의 격동의 사회를 겪으며 살다가 2000년에 세상을 떠났다.

역사의 변화와 함께 황순원은 크고 작은 수난을 겪었다. 3·1 운동 당시 그의 아버지가 만세 운동과 관련하여 옥살이를 했고, 학창 시절에는 일본에서 시집을 발간했는데, 조선총독부의 검열을 피하려 했다는 혐의로 경찰서에 구금되기도 했다. 일제 강점기 말기에는 우리말 소설을 발표할 수 없었기에 작품 발표의 기회를 갖지 못하고, 작품들을 간직하고 있어야 했다. 해방 이후에는 공산주의 치하에서 신변의 위협을 느껴 고향을 떠나야 했고 줄곧 실향민으로 살았다.

이런 역사의 격동을 묵묵히 견디면서 황순원은 인간 삶의 모습을 여러 측면에서 그려 낸다. 그는 '인간은 어떤 존재이며 어떻게 살아가고 변화 혹은 성장해 가는가?'를 작품을 통해 보여 주고자 했던 것 같다. 작품 몇 편을 살펴보면 그의 작품 세계의 면모를 두루 살펴볼 수 있을 것이다.

〈소나기〉, 〈별〉 같은 작품에는 소년이 주인공으로 등장한다. 〈소나기〉에서는 소녀의 죽음이, 〈별〉에서는 누나의 죽음이 그려진다. 드러내지 않고 품고 있던 사랑과 이별의 아픔을 보면서 소설 속의 인물도, 읽는 이들도 한 단계 성장하게 될 것 같다.

강인한 생명력을 보여 주면서 한과 슬픔의 정서를 느끼게 해 주는 작품들로 〈목넘이 마을의 개〉, 〈독 짓는 늙은이〉가 있다. 〈목넘이 마을의 개〉는 강인한 생명력을 가진 개, 신둥이의 집념과 의지를 보여 주는 작품이다. 〈독 짓는 늙은이〉에서는 배신과 좌절 속에서도 마지막 자기의 생명까지 태우는 고집스런 장인의 모습이 그려진다.

〈카인의 후예〉는 해방 직후의 북한 사회를 배경으로 한 작품이다. 평양에서 지주였던 작가 집안이 공산주의 아래에서 고초를 겪어야 했던 실화가 바탕이 되었다고 한다. 격동의 사회 속에서 살아가는 여러 인간의 군상을 그려 내면서 주인공의 사랑 이야기도 펼쳐진다.

〈나무들 비탈에 서다〉는 전쟁이 끝나가던 무렵의 전선과 전쟁 이후의 서울을 배경으로 전쟁으로 인한 젊은이들의 좌절과 혼란, 극복의 모습을 다룬 작품이다. 〈일월〉이라는 작품은 장편으로 자신이 백정의 후손임을 알고 정체성의 혼란을 겪고, 가족의 갖가지 비운으로 고통을 겪으며 자신을 찾아가는 인물의 이야기다. 〈움직이는 성〉은 각기 다른 종교와 삶의 모습을 통해 진정한 구원을 추구하는 사람들의 이야기다. 〈신들의 주사위〉는 사회 변화 속에서 가치관의 혼란을 겪은 사람들을 그린 가족사 소설이다. 위의 장편들은 모두 사회와 역사의 격동 속에서 삶의 이유를 찾는 사람들의 이야기들이다. 다양한 사람들을 이야기해 주면서 황순원 작가는 인간 세상의 사랑과 아픔을 그려 냈다.

확인해 볼까?

1. 다음 중 서로 짝을 이루는 것끼리 줄을 그어 보자.

발단 •

전개 •

위기 •

절정 •

결말 •

• 사건이 점차 발전하면서
갈등의 실마리가 보인다.

• 인물과 배경이 소개되고
사건의 실마리가 보이며
사건의 방향을 짐작할 수 있다.

• 긴장과 갈등이 최고조에 이르며
주제도 가장 잘 드러난다.

• 얽혔던 사건이 결말에
이루고 갈등이 해소된다.
비극적이든, 행복하든
작품이 끝맺게 되는 것이다.

• 갈등이 고조되고
사건의 긴장감이 높아 간다.

2. 다음 소설이 왜 열린 결말의 소설인지 그 이유를 써 보자.

루아젤 부인은 가난한 공무원의 부인이지만 허영심이 강하다. 아름다운 외모를 가졌고, 사람들의 눈길을 끌지만 살림이 넉넉지 않아 불만이 었다.

어느 날 남편이 무도회 초대장을 가져온다. 루아젤 부인은 입고 갈 옷도 없다고 불평한다. 남편은 따로 부업을 하기까지 하면서 입고 갈 드레스를 마련한다. 멋진 드레스에 어울리는 장신구가 없던 부인은 친구에게 다이아몬드 목걸이를 빌려 파티에 참석한다.

많은 사람들이 루아젤 부인의 미모를 찬양하고, 그녀 역시 한껏 들떠 행복한 시간을 보내 황홀했지만 빌린 목걸이를 잃고 만다.

부부는 엄청난 빚을 내서 친구에게 목걸이를 돌려준다. 이후 10년 동안 부부는 그 빚을 갚기 위해 온갖 일을 다 해야 했다. 궁핍한 생활과 힘겨운 노동 속에서 루아젤 부인은 젊음과 미모를 잃고 거칠고 억센 여자가 되었다.

10년이 지난 어느 날 루아젤 부인은 길에서 예전의 친구를 만난다. 이야기를 다 듣고 난 친구는 이렇게 말한다.

아이 가엾어라, 마틸드! 내 것은 가짜였어. 기껏해야 5백 프랑밖에 되지 않는…….

소설은 이렇게 끝이 난다.

3. 〈소나기〉의 한 부분을 읽고, 다음 중 옳지 않은 것을 두 개 고르시오.

> ㉠개울물은 날로 여물어 갔다.
>
> 소년은 갈림길에서 아래쪽으로 가 보았다. 갈밭머리에서 바라보는 서당골 마을은 쪽빛 하늘 아래 한결 가까워 보였다.
>
> 어른들의 말이, 내일 소녀네가 양평읍으로 이사 간다는 것이었다. 거기 가서는 조그마한 가겟방을 보게 되리라는 것이었다.
>
> 소년은 저도 모르게 ㉡주머니 속 호두알을 만지작거리며, 한 손으로는 수없이 갈꽃을 휘어 꺾고 있었다.
>
> 그날 밤, 소년은 자리에 누워서도 같은 생각뿐이었다. 내일 소녀네가 이사하는 걸 가 보나 어쩌나. 가면 소녀를 보게 될까 어떨까.
>
> 그러다가 까무룩 잠이 들었는가 하는데,
>
> (중략)
>
> "글쎄 말이지. 이번 앤 꽤 여러 날 앓는 걸 약도 변변히 못 써 봤다더군. 지금 같아서 윤 초시네도 대가 끊긴 셈이지. …… 그런데 참, 이번 계집앤 어린 것이 ㉢여간 잔망스럽지가 않아. 글쎄, 죽기 전에 이런 말을 했다지 않아? ㉣자기가 죽거든 자기 입던 옷을 꼭 그대로 입혀서 묻어 달라고……."

① ㉠ - 시간의 흐름을 나타낸다.

② ㉡ - 이사 가는 소녀에 대한 소년의 부러운 마음이 담겨 있다.

③ ㉢ - 하는 짓이 엉뚱하고 유치하다는 의미이다.

④ ㉣ - 소년과의 추억을 영원히 간직하고 싶다는 마음이 담긴 말이었을 것이다.

말투가
왜 그래?

김유정의 〈봄봄〉을
읽으며 알아보는
소설의 문체와 어조

이야기를 나누다 보면 왠지 거부감이 들고 짜증이 나는 친구가 있다. 어떤 친구는 대화를 하다 보면 포근한 느낌을 준다. 또 다른 친구는 자신만만한 말투에 늘 단정적으로 말해서 그의 말에 반대하려면 주눅이 들기도 한다. 꼼꼼한 관찰자가 되어 친구들이 말하는 특징, 그의 말버릇을 잘 살펴본다면 친구들마다 개성이 있고, 특징이 있을 것이다.

소설로 치면 문체와 어조가 각각 다른 셈이다. **문체란 글에 나타난 서술의 특징**을 가리키는 말이다. 문장을 길게 쓰거나 짧게 쓴다든지, 옛날 말투를 쓴다든지, 판소리와 같은 가락이 느껴지는 글을 쓴다든지, 시처럼 짤막짤막하면서 서정적인 투로 글을 쓴다든지 하는 게 다 문체이다. 어조는 그런 문체를 이루는 하나의 요소로 서술자의 말투라 할 수 있다. **어조에는 서술자의 태도나 가치관**이 담겨 있다. 포함 관계를 그려 보면 아래와 같다.

오늘은 김유정의 〈봄봄〉을 읽으며 소설의 문체와 어조에 대해 공부해 보기로 하자. 먼저 어떤 내용의 소설인지 줄거리 먼저!

나는 점순이와 혼례를 약속하고 데릴사위로 들어왔다. 장인은 점순이 키가 크지 않았다는 이유로 성례를 미루고 일만 부려 먹는다. 나는 삼 년 일곱 달 동안 돈 한 푼 못 받고 일을 해 왔다.

어저께 모를 붓다가 나는 배가 아프다며 일을 멈추었다. 장인은 욕을 하며 내 뺨을 때린다. 장인은 욕을 잘해서 욕필이라는 별명이 있다. 작년 이맘때도 내가 트집을 잡고 늦잠을 자니까 돌멩이를 던져 내 발목을 삐게 했다. 그리고 가을에 성례를 시켜 주겠다고 나를 꼬셔 놓고는 혼례를 시켜 주지 않았었다.

나는 사경(머슴 삯)을 쳐 내라고 하면서 장인을 끌고 구장님한테 담판을 지으러 갔다. (그 전날 내가 화전밭을 갈고 있는데 야릇한 꽃내가 나고 몸이 나른하고 가슴이 울렁울렁하고 했다. 그때 점순이가 점심을 이고 와서는 성례를 시켜 달라고 말하라며 부추기고는 달아난 일이 있었다.)

구장은 처음에는 내 편을 드는 듯히다가 장인님과 수군거리더니 나에게 겁을 준다. 농사 바쁠 때 일 안 하고 가면 손해죄로 징역을 산다고. 그러면서 달래듯, 장인이 올 가을에는 성례를 시켜 주겠다고 했다며 일을 하러 가라고 한다.

구장에게 갔다 온 뒤 나는 친구 뭉태네로 간다. 뭉태는 대놓고

빈정거리는 것이 아닌가? 맞고도 가만 있냐, 너 세 번째 데릴사위다, 우물에 가서 빠져 죽으라며…….

오늘 아침밥상을 가져온 점순이가 구장님한테 갔다가 성례 약속도 못 받아 왔다고 쫑알대며 수염이라도 잡아채서 약속을 받아내라고 한다.

나는 집을 나오다가 체했다고 일을 거부한다. 장인은 지게막대기를 들고 와 내 배를 쿡쿡 찌르고 발길로 옆구리를 차는 게 아닌가. 나도 약이 올라 장인을 언덕 아래로 떠밀어 버렸으나 헐떡헐떡 올라온 장인이 내 바지가랭이 쪽을 붙잡는다. 까무러칠 정도가 된 나도 기어 가서 장인님의 바지가랭이를 움키고 잡아나꿨다. 장인은 지게막대기로 내 머리를 마구 때린다. 그래도 나를 달래려고 터진 머리를 불솜으로 지져 주고 호주머니에 희연 한 봉을 넣어 주며 가을에 성례를 시켜 준다고 한다. 나는 또 그 말을 믿고서 역시 우리 장인님이 나를 안 쫓아내서 다행이다 여기며 지게를 지고 일을 나갔다.

(근데 장인 바지가랭이를 잡았을 때 장모님과 점순이가 달려와 내 귀를 잡아당기며 울고 달라진 점순의 태도에 나는 그 이유를 몰라 얼이 빠져서 장인님의 지게막대기에 마구 얻어 맞았다.)

어떤 상황인지 눈에 보이는 듯하다. 이야기를 다시 정리해 보면, 어리버리한 '나'는 데릴사위가 되어 장인 집 농사를 돕는다. 장인은 약간 교활한 것 같다. 점순이가 아직 안 자랐다는 핑계를 대며 '나'를 부려먹기만 한다. 아무것도 모르는 줄 알았던 점순이가 나를 부추겼고, 나는 장인과 실랑이를 벌이고 몸싸움까지 한다. 그런데 이게 웬일인가? 내 편인 줄 알았던 점순이가 장인 편을 드네! 난 얼이 빠져 버리고, 살살 달래며 가을에 성례 올려 준다고 말하는 장인의 뜻대로 일을 하러 나간다.

이 작품을 잘 이해하기 위해 소설이 진행되는 순서와 소설 속 사건이 일어난 순서를 표로 정리하면 다음과 같다. 시간이 왔다 갔다 한다. 소설의 구성 방식 중 역순행적 구성인 셈이다.

소설의 서술 순서	현재를 기준으로 언제인가	사건 순서
점순이와 혼인을 시켜 준다고 하여 봉필네 집에 데릴사위로 들어옴.	3년 7개월 전	1
배가 아프다고 꾀병을 부리다가 장인이 내 멱살을 잡고 뺨을 때림.	어저께	5
늦잠을 잔다고 발을 삐게 해 놓고는 가을에 장가들여 준다는 말에 나는 다시 열심히 일을 함.	작년 이맘때	2
가을에 약속대로 혼인을 요구하자 아직 점순이 키가 안 자랐다며 나의 낯짝만 붉혀 주고 고만임.	작년 가을	3
나는 집에 간다고 장인에게 사경을 달라고 요구하다 구장에게 담판 지으러 가자고 함.	어저께	6
화전밭을 갈다가 소에게 성질을 부림. 밭으로 점심을 가져온 점순이가 성례를 시켜 달라고 말하라며 나를 충동질함.	그저께	4
구장을 찾아가 판정을 의뢰했으나 오히려 구장에게 설득만 당하고 되돌아옴.	어저께	7
뭉태네 집에 마실을 갔다가 뭉태에게 지난 이야기를 듣고 구박만 받고 옴.	어젯밤	8

아침상을 가져온 점순이에게 일을 제대로 처리하지 못했다고 구박을 받음.	오늘 아침	9
집을 나오다가 체했다고 일을 거부함.	오늘 아침	10
장인이 지게막대기를 들고 와 내 배를 쿡쿡 찌르고 발길로 옆구리를 참.	오늘 아침	11
나도 약이 올라 장인을 언덕 아래로 떠밀어 버렸으나 헐떡헐떡 올라온 장인이 내 바지가랑이 쪽을 붙잡음.	오늘 아침	12
바지가랭이를 잡혀 까무러치게 되었다가 나도 기어 가서 장인의 바지가랭이를 움키고 잡아나꿈.	오늘 아침	13
장인이 나의 터진 머리를 불솜으로 지져 주고 호주머니에 희연 한 봉을 넣어 주며 가을에 성례를 시켜 준다고 하여 지게를 지고 일을 나감.	오늘 아침	15
장모와 점순이가 달려와 내 귀를 잡아당기며 울고 나는 장인의 지게막대기에 마구 얻어 맞음.	오늘 아침	14

작품의 한 부분을 더 살펴보자.

나는 저만침 가서 '제에미 키두!' 하고 논둑에다 침을 퉤, 뱉는다. 아무리 잘 봐야 내 겨드랑(다른 사람보다 좀 크긴 하지만) 밑에서 넘을락말락 밤낮 요모양이다. 개 돼지는 쑥쑥 크는데 왜 이리도 사람은 안 크는지, 한동안 머리가 아프도록 궁리도 해 보았다. 아하, 물동이를 자꾸 이니까 뼉다귀가 움츠라드나보다, 하고 내가 넌즛넌즈시 그 물을 대신 길어도 주었다. 뿐만 아니라 나무를 하러 가면 서낭당에 돌을 올려 놓고 '점순이의 키 좀 크게 해 줍소사. 그러면 담엔 떡 갖다 놓고 고사드립죠니까.' 하고 치성도 한두 번 드린 것이 아니다. 어떻게 되먹은 킨지 이래도 막무가내니……

'저만침', '제에미', '뼉다귀', '고사드립죠니까' 같은 어휘를 보면 사투리도 쓰이고, 비속어도 많이 쓰인다. 누군가에게 말을 해 주 듯, 리듬감 있는 문장도 인상적이다. 소리꾼과 고수(북치는 사람) 가 음악적으로 이야기를 엮어 가는 판소리 느낌도 있다. **토속적 문체, 판소리 사설 같은 문체**라 이름 붙여도 될 것 같다. 이 서 술자의 말투는 재미나다. **해학적 어조**이다.

또 다른 한 부분을 보자.

"그래, 거진 사 년 동안에도 안 자랐더니 그 킨 은제 자라지유? 다 그만두구 사경 내슈······", "글쎄, 이 자식! 내가 크질 말라구 그랬 니. 왜 날 보구 떼냐?", "빙모님은 참새 만한 것이 그럼 어떻게 앨 낳 지유?(사실 빙모님은 점순이보다도 귓배기가 작다.)"

장인님은 이 말을 듣고 껄껄 웃더니 (그러나 암만 해두 돌 씹은 상 이다.) 코를 푸는 척하고 날 은근히 골리려고 팔꿈치로 옆 갈비께를 퍽 치는 것이다.

더럽다. 나두 종아리의 파리를 쫓는 척하고 허리를 구부리며 그 궁둥이를 꽉 떼밀었다. 장인님은 앞으로 우찔근하고 싸리문께로 쓰러질 듯하다. 몸을 바로 고치더니 눈총을 몹시 쏘았다. 이런 쌍년 의 자식, 하곤 싶으나 남의 앞이라니 차마 못 하고 섰는 그 꼴이 보 기에 퍽 쟁그러웠다.

역시 사투리며 욕설이 적잖게 들어 있다. 또 등장인물들의 행동이며 말을 보면 그 상황도 웃음을 자아낸다. 딴청을 하며 서로 때리는 것이며, 서술자인 '나'가 장인의 행동을 자기 나름대로 평가하는 것도 재미나다. 앞의 글에서 장인이 특히나 우스꽝스럽게 표현되고 있다. 우리는 그것을 희화화라고 한다. 어떤 인물의 외모나 성격 또는 사건이 의도적으로 우스꽝스럽게 묘사되거나 풍자되는 것을 가리키는 말이다.

앞 글 한 부분을 다음처럼 바꿔 보면 어떨까? 욕설도 빼고, 사투리도 빼고, '나'의 생각은 좀 접어 두고 등장인물을 좀 객관적으로 그려 내 보는 것이다.

"그래, 거의 4년이 지났는데도 안 자랐다니 그 키는 언제 자라나요? 다 그만두고 사경 내세요."

"내가 크지 말라고 한 것도 아닌데 왜 그러냐?"

"장모님은 키가 작은데 애를 낳으셨잖아요."

장인은 표정이 조금 나빠지면서도 웃었다. 그리고 나의 옆구리 부분을 퍽 쳤다.

나도 허리를 구부리며 장인님의 엉덩이를 밀었다.

상황 자체가 재미나긴 하지만 앞의 글처럼 웃음이 터져 나오진 않는다. 욕이나 사투리도 없고, 어리숙한 내가 교활한 장인의 모습을 은근히 폭로하는 부분이 없다. 엉큼한 장인을 조롱하는 듯한 말투도 없다. 장인과 나의 신경전이 생동감 있게 다가오지 않는다.

아하, 교활하고 잇속 빠른 장인과 우직한 데릴사위 사이의 해학적 갈등과 대립을 통해 어리숙하고 순박한 시골 남녀의 사랑을 보여 주고자 한 작가의 의도는 문체와 어조를 통해 잘 드러나는구나! 토속어 사용이나 판소리 같은 서술은 담고 있는 문체, 인물을 우스꽝스럽게 만들고, 비꼬기도 하는 어조 등은 1930년대 시골 분위기를 재미있게 표현해 준다. 작가는 교활한 장인의 속임수에 놀아나는 어리숙한 청년의 모습을 비관적으로 그리는 게 아니라 해학적으로 그려 내는구나!

이렇게 문체와 어조는 작가의 태도와 가치관을 드러내고, 작품 전체의 분위기를 형성하며, 작품의 주제를 간접적으로 드러내 주는 것이다.

🔑 오늘 수업 열쇠말

1. 문체

작가가 글을 쓰는 방식. 문체를 구분하는 일정한 기준은 없다. 문장의 길이나 사용하는 말들, 글이 주는 느낌 등으로 미루어 이러이러한 문체를 지닌다고 말한다. 몇 가지 예를 들어 보자.

간결한 문체

길고 늘어지는 문체

부드러운 느낌을 주는 문체

욕설을 많이 사용한 문체

사투리 등으로 토속적인 느낌을 주는 문체

다양한 비유를 쓴 문체

2. 어조

서술자의 말투. 인물, 사건 등에 대한 서술자의 정서적 태도. 서술자가 어떤 태도나 말투로 이야기를 해 나가느냐에 따라 나뉜다.

해학적 어조 익살을 통해 웃음을 유발하여 대상에 대한 호감이나 연민을 느끼게 하는 어조

풍자적 어조 부정적 인물이나 현실에 대해 빙 둘러 비판하는 어조

냉소적 어조 대상에 대하여 쌀쌀맞은 태도로 비웃으며 업신여기는 어조

반어적 어조 표현하고자 하는 바와 오히려 반대로 표현함으로써 의미를 강조하는 어조

과장적 어조 대상의 의미를 실제보다 크거나 작게 표현하는 어조

〈봄봄〉과 김유정

〈봄봄〉

1936년 12월《조광》지에 발표된 김유정의 단편 소설이다. 1930년대 강원도 어느 산골 마을을 배경으로 데릴사위와 장인의 갈등을 해학적으로 그려 냈다. 산골 마을의 분위기와 생활 면모는 시골 특유의 자연적이며 순박한 느낌을 자아낸다. 구수한 사투리와 비속어 역시 토속적 분위기를 돋운다.

주인공 '나'는 어리숙하고 순박한 스물여섯 총각이다. 점순이와 결혼을 꿈꾸며 3년 7개월 동안 뼈 빠지게 일하지만 장인은 점순이 키가 작다는 걸 핑계로 미루기만 한다. 이로 인해 장인과 싸움이 벌어지는데 그 과정이 우스꽝스럽게 그려지고 있다.

인물 간의 대비되는 특성도 웃음을 유발하는 요소이다. 우직하고 어리숙한 데릴사위인 나와 교활한 어른인 장인이나 구장, 눈치 없고 남의 속 잘 모르는 '나'와 야무진 점순이의 대비, 또 나와 눈치 빠른 친구 뭉태의 대비 등이 웃음을 불러일으키는 요소이다. 또 인물을 우스꽝스럽게 그려 내는 것(희화화)도 웃음 포인트다. 굳이 장인 대신 '빙장님'이라 부르게 하는 장인의 허세, 욕필이라는 장인의 별명, 어리숙한 사위를 통해 드러나는 교활한 성격, 제비꼬랑지 같은 수염을 갖고 있는 구장 등이 희화화된 인물들이다. 이런 인물들이 빚어내는 이야기를 보고 있노라면 1930년대 쯤의 어느 농촌 마을과 그 속에서 티격태격 살아가는 사람들의 삶이 웃음으로 다가온다. 물론 그 뒤에 삶의 비애가 있을 수 있겠으나, 〈봄봄〉을 통해 그런 점을 잠시 제쳐 두고 웃음을 터뜨려 보는 맛도 괜찮을 것 같다.

김유정의 작품 세계

김유정(1908~1937)은 1908년 2월 12일 강원도 춘천 실레 마을에서 태어났다. 어려서부터 몸이 약했고 말을 더듬기도 했다. 휘문고보를 거쳐 연희전문학교에 입학했으나 그 다음 해 중퇴한다. 결석 때문에 제적되었다고 한다. 휘문고보에 다닐 때 그는 명창 박녹주의 공연을 처음 관람하게 된다. 이후 박녹주를 짝사랑하여 마음을 고백했지만 이루어지지 못했다.

1931년 고향에 돌아온 그는 실레 마을에 야학을 열었고, 1932년 금병의숙을 설립했다. 1933년 다시 서울로 올라가 작품 활동을 시작했다. 1935년 〈소낙비〉를 써서 《조선일보》 신춘문예에 당선되고, 〈노다지〉가 《조선중앙일보》에 입선한다.

〈소낙비〉는 식민지 시대 농민의 비극적인 삶의 이야기지만 이를 해학적으로 그려 냈다. 〈노다지〉는 금광을 모티브로 물질적 욕망 앞에서 인간성이 무너지는 모습을 그린 단편 소설이다. 금광을 전전했던 김유정의 체험이 녹아든 작품인 셈이다.

어릴 때부터 병치레가 잦았던 그는 1936년 폐결핵과 치질이 악화되는 등 병마에 시달리며 작품 활동을 했다. 죽는 날까지 그는 글 쓰는 일을 멈추지 않았다. 문단 생활은 2년 여밖에 안 되지만 30여 편의 단편을 남겼다. 토속적 유머와 함께 농민의 생활 감정과 풍습을 사실적·해학적으로 그려 낸 작가로 평가된다. 대표작으로 〈금 따는 콩밭〉, 〈만무방〉, 〈봄봄〉, 〈동백꽃〉, 〈따라지〉 등이 있다.

1. 다음 글을 읽고, 글에 대한 설명으로 적절하지 않은 것을 고르시오.

> "아! 아! 이놈아! 놔라, 놔."
>
> 장인님은 헷손질을 하며 솔개미에 챈 닭의 소리를 연해 질렀다. 놓긴 왜,
> 이왕이면 호되게 혼을 내주리라 생각하고 짓궂이 더 댕겼다. 나는 장인
> 님이 땅에 쓰러져서 눈에 눈물이 피잉 도는 것을 알고 좀 겁도 났다.
>
> "할아버지! 놔라, 놔, 놔, 놔, 놔라."
>
> 그래도 안 되니까, "얘, 점순아! 점순아!"
>
> 이 악장에 안에 있었던 장모님과 점순이가 헐레벌떡하고 단숨에 뛰어나
> 왔다. 나의 생각에 장모님은 제 남편이니까 역성을 하는지도 모른다. 그
> 러나 점순이는 내 편을 들어서 속으로 고수해 하겠지. 대체 이게 웬 속인
> 지(지금까지도 난 영문을 모른다.) 아버질 혼내 주기는 제가 내래 놓고 이
> 제 와서는 달겨들며, "에구머니! 이 망할 게 아버지 죽이네!" 하고, 귀를
> 뒤로 잡아댕기며 마냥 우는 것이 아니냐. 그만 여기에 기운이 탁 꺾이어
> 나는 얼빠진 등신이 되고 말았다. 장모님도 덤벼들어 한쪽 귀마저 뒤로
> 잡아채면서 또 우는 것이다.
>
> 이렇게 꼼짝도 못 하게 해 놓고 장인님은 지게막대기를 들어서 사뭇 내
> 려조졌다. 그러나 나는 구태여 피하려지도 않고 암만해도 그 속 알 수 없
> 는 점순이의 얼굴만 멀거니 들여다보았다.
>
> "이 자식! 장인 입에서 할아버지 소리가 나오도록 해?"
>
> – 김유정, 〈봄봄〉 중에서

① '헷손질', '달겨들며', '잡아채다', '지게막대기' 같은 토속적 느낌을 주는
사투리가 많이 사용되고 있다.

② '이놈', '내려조지다' 같은 비속어들이 사용되고 있다.

③ 상황을 잘 이해하지 못하는 '나'의 어리숙한 태도가 웃음을 준다.

④ 등장인물들의 엇갈린 갈등이 해학적으로 표현되고 있다.

⑤ 상황에 맞지 않는 호칭이 사용되어 웃음을 유발하고 있다.

2. 다음 글은 어떤 특징을 지니고 있는지, 두드러진 어휘 사용 등을 생각해 보며 써 보자.

> 산골에, 가을은 무르녹았다.
>
> 아름드리 노송은 빽빽이 늘어 박혔다. 무거운 송낙을 머리에 쓰고 건들 건들. 새새이 끼인 도토리, 벚, 돌배, 갈잎 들은 울긋불긋. 잔디를 적시며 맑은 샘이 쫄쫄거린다. 산토끼 두 놈은 한가로이 마주 앉아 그 물을 할짝거리고. 이따금 정신이 나는 듯 가랑잎은 부수수 하고 떨린다. 산산한 산들바람. 귀여운 들국화는 그 품에 새뜩새뜩 넘논다. 흙내와 함께 향긋한 땅김이 코를 찌른다. 요놈은 싸리버섯, 요놈은 잎 썩은 내, 또 요놈은 송이- 아니, 아니, 가시넝쿨 속에 숨은 박하풀 냄새로군.
>
> – 김유정, 〈만무방〉 중에서

3. 문체와 어조의 역할에 대해 본문에서 찾아 써 보자.

4. 서로 짝을 이루는 것들에 줄을 그어 보자.

익살을 통해 웃음을 유발하여
대상에 대한 호감이나 연민을
느끼게 하는 어조 •

• 풍자적 어조

부정적 인물이나 현실에 대해
웃음을 주며 빙 둘러 공격적으로
비판하는 어조 •

• 해학적 어조

대상에 대하여 쌀쌀맞은 태도로
비웃으며 업신여기는 어조 •

• 과장적 어조

표현하고자 하는 바와 오히려
반대로 표현함으로써 의미를
강조하는 어조 •

• 냉소적 어조

대상의 의미를 실제보다 크거나
작게 표현하는 어조 •

• 반어적 어조

이야기로
알게 되는
우리 역사

이범선의 〈오발탄〉을
읽으며 알아보는

소설과 사회

어떤 학생이 교과서에 실린 우리나라의 현대 소설들을 읽다가 한 마디 던진다.

"우리나라 소설들은 왜 이렇게 무겁고 칙칙한 거죠? 달콤한 사랑 이야기도 없고, 밝고 모험에 가득한 이야기도 없는 것 같아요."

이 학생의 말을 듣고 국어 교과서나 문학 교과서를 들춰 보면 정말 그렇다. 일제 강점기의 가난이거나, 전쟁을 겪고 힘겹게 살아가는 사람들 이야기거나, 뒤숭숭하고 혼란스런 사회 속에서 부정적인 삶을 살아가는 이야기…….

물론 찾아보면 뜨거운 사랑 소설이 있고, 공주나 왕자가 등장하는 소설처럼 환상적인 소설도 있고, 신비롭고 마법 같은 소설도 있다. 그러나 우리나라의 많은 현대소설이 어두운 이야기들이다. 왜? 차근차근 대답해 보자. 소설은 인간 삶의 이야기이고, 인간의 삶은 그가 사는 세상과 관련이 되어 있다. **소설가는 작품 속에 인간의 존엄성, 인간과 사회에 대한 깊은 통찰을 담아낸다.** 그래서 소설은 직접적이든 간접적이든 **사회를 반영**하게 된다. 우리 현대사가 평탄하지는 않았다. 오히려 숱한 시련을 겪었다. 나라를 빼앗겼고, 식민지가 되어 힘겨웠고, 해방이 되나 했더니 서로 갈라져서 반목하다가 전쟁을 치러야 했고, 전쟁의 후유증 속에서 경제적 궁핍, 정치적 혼란을 겪었다. 1960년대 1970년대를 거치며 경제적으로 발전하는가 했더니 산업화의 그늘 속에서 고통당하는 사람들이 생겼다. 민주주의가 정착되기 위해 또 갈등의 시간을 겪기도 했다. 식민지, 전쟁, 가난, 정치적 혼란……. 뭐 하나 쉬운 게 없었다.

오늘은 이범선의 〈오발탄〉을 읽으며 소설과 사회, 소설과 역사에 대해 생각해 보자.

철호는 계리사(지금의 회계사처럼 돈과 관련된 업무를 하는 직업) 사무실 서기로 무기력한 하루하루를 보낸다. 잉크 묻은 굳은살 박힌 손가락을 씻으며 피가 흐르는 것 같다는 생각을 하기도 한다. 자신의 초췌한 모습이 식구들을 먹여 살리기 위해 숲속을 헤매는 원시인과 닮았다는 생각도 하며 까닭 모를 울분을 느낀다.

그가 사는 동네는 해방촌이다. 구질구질하며 초라한 판잣집들이 모인 그곳에서 정신 이상이 된 어머니, 애 낳을 때가 얼마 남지 않은 아내, 다섯 살 난 딸, 군대 제대하고 2년이 넘도록 직업을 잡지 못하는 동생 영호, 동생 명숙과 살아가고 있다. 어머니는 전쟁 통에 길을 잃고 나서 정신 이상이 된다.

한때 아름다웠던 아내는 성악을 전공했지만 이제 생활에 찌들려 둔한 동물처럼 지내고 있다. 동생 영호는 양심이고 뭐고 약삭빠르게 살아가야 한다는 말만 하며 방황하고, 여동생 명숙은 미군을 상대로 하는 여자, 즉 양공주가 되어 버렸다. 어머니는 '가자! 가자!' 하는 소리만 반복한다. 3·8선 때문에 고향으로 돌아갈 수 없다고 수없이 말했으나 어머니의 '가자!' 소리는 멈추지 않는다.

작품을 조금 읽어 가노라면 〈오발탄〉에 어떤 인물이 나오는지 그들이 사는 곳은 어디인지, 그들이 어떤 상황에 처했는지 알게 된다. 등장인물들은 하나같이 전쟁의 상처를 지닌 사람들이다. 주인공 송철호는 월남 피난민 가족의 가장이다. 그들이 사는 곳은 피난민들이 모여 이룬 마을인 해방촌이다. 해방촌은 지금 서울의 이태원 부근이다. 철호 가족은 분단된 뒤 남쪽으로 넘어와 6·25 전쟁을 겪었다. 그들은 집도 땅도 없고, 아는 이도 없는 타향에 살고 있는 것이다. 철호는 쥐꼬리만한 월급을 받으며 가족들의 생계를 이끌어 나가느라 찌들어 살아가고 있다. 대가족을 먹여 살리기엔 월급이 너무 적다. 행색도 늘 초라하다.

철호의 어머니는 정신병자다. 늘 방에 틀어박혀 '가자!'고 외친다. 미라처럼 벽을 향해 드러누워서 잃어버린 자기 고향 북으로 가자는 것이다. 철호의 아내는 대학 성악과를 나온 미인이었지만 지금은 가난에 지쳐 웃음도 희망도 잃었다. 아이 낳을 때가 얼마 남지 않은 무거운 몸을 힘겹게 움직이고 있다.

철호의 동생 영호도 뒤틀린 삶을 살아간다. 그는 옹색한 양심의 울타리에서 지지리 궁상을 떨고 가난하게 사느니 법률이건 뭐건 뛰어넘어 살길을 찾아야 한다고 푸념한다. 여동생 명숙은 이른바 양공주다. 전쟁과 함께 이 땅에 주둔한 미국 병사들에게 웃음과 몸을 팔아 돈을 버는 명숙 역시 전쟁이 만들어 낸 불행한 여성의 모습이며, 이 나라의 자화상이다.

이렇게 철호의 가족은 모두 비정상적인 삶을 살아간다. 모두 가난에 찌들려 살아가고, 가치관에 혼란을 겪고, 생각이 뒤틀리고, 손가락질 받는 삶을 살아가고 있는 것이다. 잘못 쏘아진 탄환(오발탄) 같은 삶이다. 이어지는 소설의 줄거리는 다음과 같다.

이튿날 사무실에서 일하던 철호는 경찰서의 전화를 받는다. 양공주 노릇을 하는 명숙 때문에 몇 차례 경찰서에 들락거렸던 철호는 불안한 마음으로 경찰서를 향한다. 양심이고 뭐고 마음대로 살겠다고 자신을 비난하던 영호의 모습이 떠올랐기 때문이다. 권총 강도! 영호가 은행에서 돈을 찾은 사람에게 권총을 들이밀었다는 것이다. 경찰서에 들렀다가 집으로 돌아간 철호는 아내가 산고를 겪다가 위독하다는 소식을 듣고 명숙에게 돈을 받아 병원으로 가지만 아내는 이미 죽어 있었다.

병원을 나온 철호는 아무 생각도 없이 넋을 잃고 거리를 걷는다.

치과 병원 앞을 지나다가 그는 갑자기 이가 쑤시는 것 같아 병원으로 들어가 이를 뺀다. 또 다른 치과를 찾아가 의사가 꺼리는데도 또 이를 뽑는다.

택시를 잡아탄 철호는 해방촌에서 경찰서, 병원으로 행선지를 바꾸면서 어머니처럼 '가자!'는 말을 되풀이하며 혼란 상태에 빠진다. 어디로 가느냐는 택시 기사의 물음에 그는 대답하지 않았다. 그의 입에서 흘러내린 선지피가 그의 와이셔츠를 적시고 있는 것을 아무도 알지 못했다.

영호의 권총 강도 사건이 작품의 위기를 고조시키다가 아내의 죽음에서 비극성이 더 극심해진다. 어머니가 미치고, 동생은 강도짓을 하고, 여동생은 다른 나라 군인에게 몸 파는 여자가 되어 있고, 아내마저 죽다니? 아무리 전쟁 직후이고, 피난민의 삶을 살아간다고 해도 이렇게까지 불행해질 수가 있을까? 그러나 이 작품의 비극은 당시 우리 사회의 많은 사람이 겪어야 했던 현실이었다.

우리나라 역사에도 전쟁은 셀 수 없이 많았다. 그중에 가장 비참한 전쟁을 꼽으라면 같은 민족끼리 총부리를 겨눠야 했던 6·25 전쟁이 아닐까. 6·25 전쟁은 우리 땅을 반으로 갈랐고 그로 인해 우리 민족의 삶과 사상, 그 모든 것을 갈라놓았다. 게다가 전쟁으로 인한 가난, 질병, 혼란은 또 어떠했던가. 우리나라의 문학가들은 우리 민족의 삶에 커다란 상처를 준 6·25 전쟁을 문학 작품 속에 담아내지 않을 수 없었다.

만약 우리나라 상황에 대해 전혀 모르는 외국 독자가 〈오발탄〉을 감상한다고 해 보자. 작품을 통해 어느 정도 짐작은 하겠지만 해방촌이 뭔지, 6·25 전쟁이 뭔지 잘 몰라 철호 가족의 비극적인 삶이 잘 와닿지 않을 수 있다. 분단과 전쟁 상황을 조금이라도 알고 작품을 본다면 작품의 의미는 더 크게 와닿을 것이다. 그래서 우리는 **작가 - 작품 - 독자로 이어지는 소통 구조 속에서 작품을 감상하는 다양한 관점을 이해해야 한다.** 작품 감상의 여러 관점은 '오늘 수업 열쇠말'에서 더 배워 보기로 하자.

이런 궁금증을 갖는 사람이 있을지도 모르겠다.

우리가 소설이나 시와 같은 문학 작품을 읽을 때 늘 그 작품이 창작된 시기를 생각하며 읽어야 하느냐고?

작품이 어떤 시대상과 사회상을 반영하는지 늘 생각해야 하느냐고?

물론 작품을 이해하기 위해 언제쯤 창작된 것인지 아는 것은 중요하다. 또 문학 작품이 그 사회를 직접적이든 간접적이든 반영하고 있다는 점도 부정할 수 없다. 그 시대이기에 이런 작품이 나왔구나 알게 되면서 좀 더 폭넓게 작품 속 세상을 이해할 수 있기 때문이다. 그러나 작품 내용을 무조건 그 시대와 연결하여 해석하는 것이 맞지 않을 때도 많다. 왜냐하면 인간의 삶에는 시대나 사회를 뛰어넘는 보편적인 것이 있기 때문이다. 6·25 전쟁 전후로 나온 작품이라고 해서 굳이 찾아볼 수 없는 전쟁 이야기를 끄집어내서 억지로 연결시킨다면 그것은 과유불급(지나친 것이 모자람만 못하다.)이 될 수도 있다.

오늘 수업 열쇠말

1. 문학을 감상하는 관점

작가는 작품을 쓰고 독자는 그 작품을 읽는다. 작가와 작품과 독자로 이어지는 관계를 작품의 '소통 구조'라고 한다. 이 구조 속에 다양한 작품 감상 방법이 있다.

내재적 관점

내재적 관점은 작품 자체로만 감상한다는 뜻이다. 작가나 사회적·시대적 배경이나 독자의 상황 등과 관련 없이 내용이나 형식, 표현 등 작품 자체만 가지고 작품을 감상하는 관점이다.

외재적 관점

외재적 관점은 작품 밖의 요소들과 연결 지어 작품을 감상하는 방법이다. 외재적 관점은 표현론적 관점, 반영론(모방론)적 관점, 효용론(수용론)적 관점으로 나눠 볼 수 있다.

표현론적 관점 : 작품이 작가의 상황이나 생각 등을 담아낸 것이라 보는 관점이다.

반영론적 관점 : 작품은 그 작품이 태어난 사회 현실을 반영해 놓은 것이라는 관점이다.

효용론적 관점 : 독자가 작품을 어떻게 이해하고 받아들이느냐에 초점을 맞추는 감상 관점이다.

2. 소설에 나타난 우리 역사와 사회

어떤 시대 상황을 단 몇 마디로, 한두 개의 특징으로 표현하는 것이 적절하지는 않지만 시대별 특징을 대략 정리해 보면 다음과 같다.

	특징적인 사회 상황	대표작 (중·고등학교에서 많이 배우는 소설 작품)
1920년대	일제의 식민지 수탈로 인한 궁핍화	현진건 〈운수 좋은 날〉
1930년대	일제 강점기 세태	염상섭 〈삼대〉, 채만식 〈태평천하〉, 김유정 〈봄봄〉
1940년대	군국주의, 민족 문화 말살, 해방	채만식 〈미스터 방〉, 〈논 이야기〉
1950년대	전쟁 뒤의 혼란	하근찬 〈수난 이대〉, 손창섭 〈비 오는 날〉
1960년대	심화된 현실 인식, 지식인의 무력감, 산업화	최인훈 〈광장〉, 김승옥 〈무진기행〉, 김정한 〈모래톱 이야기〉
1970년대	산업화 도시화의 그늘	조세희 〈난장이가 쏘아올린 작은 공〉, 황석영 〈삼포 가는 길〉

Q 〈오발탄〉과 이범선

〈오발탄〉

1959년 10월 《현대문학》지에 발표된 단편 소설이다. 6·25 전쟁 직후 월남한 사람들이 모여 사는 해방촌을 배경으로 가난한 계리사 송철호의 가족 이야기를 담아냈다. 전지적 작가시점으로, 서술자는 송철호의 입장에 서서 작품을 전개해 간다.

고향을 그리워하다 미쳐 버린 어머니, 제대 군인인 동생 영호, 이른바 양공주로 돈을 벌어 가족을 돕는 동생 명숙, 만삭의 아내 등 가족은 모두 힘겹고 비정상적인 삶을 살아간다. 가장으로 힘겹게 지탱해 가지만 철호 역시 삶의 피로에 찌들대로 찌들어 있다. 실제로 이들 가족의 모습은 당시 암울한 사회 속, 곳곳에서 발견할 수 있는 인물들이다. 작가는 당시의 암울한 사회 현실을 한 가족을 통해 생생하게 보여 준 셈이다.

어머니의 '가자!'라는 말이 반복되면서 전쟁으로 고향을 잃어버린 실향민의 설움, 삶의 뿌리를 잃은 사람들의 고통, 올바른 가치관을 상실한 사람들의 방황이 그려진다.

제목 〈오발탄〉처럼 모든 것이 제자리에 있지 못한 6·25 전쟁 직후의 사회상이 잘 나타나 있다. 탄환이 목표를 제대로 맞추어야 하는데 잘못 쏘아졌다. 목표에서 어긋나고, 원래 자기의 가치를 발휘하지 못한 셈이다. 이 작품은 사람들의 관심을 끌었으며 영화로도 만들어졌다.

이범선의 작품 세계

이범선(1920~1982)은 1920년 평안남도 안주에서 태어났다. 해방 후 월남하여 전쟁을 겪었으니 그도 철호처럼 실향민이다. 그는 고등학교 교사를 거쳐 대학교 교수를 지내며 소설가로 여러 작품을 썼다.

이범선은 전쟁으로 상처받은 사람의 삶을 그려 내는 데 힘을 쏟은 소설가다. 그의 작품에는 고향을 떠나 남쪽으로 와서 겪은 음울한 현실들이 녹아 있다.

〈학마을 사람들〉은 일제 강점기부터 6·25 전쟁 이후까지 강원도 산골 마을 사람들이 겪어야 했던 어두운 역사와 그로 인해 한에 젖은 사람들의 삶을 그려 낸다. 〈피해자〉에서는 인간의 이중적인 면모, 종교의 위선과 강박 등을 비판한다.

대표작 〈오발탄〉과 관련하여 이범선은 색다른 경험을 하기도 했다. 이 소설과 관련하여 다니던 직장(기독교계 고등학교 교사)을 그만두어야 했던 것이다. 소설 맨 마지막 부분에 주인공이 이런 생각을 하는 대목이 있다. '그래, 난 네 말대로 조물주의 오발탄인지도 모른다. 정말 갈 곳을 알 수가 없다…….' 바로 이 표현이 문제였다. 조물주가 잘못 만들어 낸 인간이라는 표현은 신을 모독하는 거나 마찬가지라는 오해를 불러일으켰기 때문이다.

작가 이범선의 작품을 읽다 보면 억눌린 상황 속에서 자신의 삶을 고민하고 괴로워하는 인간들의 모습이 떠오른다. 그것이 작가의 커다란 관심사였을 것이다.

확인해 볼까?

1. 작가나 사회적·시대적 배경이나 독자의 상황 등과 관련 없이 내용이나 형식, 표현 등 작품 자체만 가지고 작품을 감상하는 관점을 흔히 (　　　　) 감상 관점이라 부른다.

2. 다음 설명은 도표 중 어디에 해당하는가?

> 작품이 그 시대를 반영하거나 모방해 놓은 것이라는 뜻으로 '모방론적 관점'이라 부른다. 예를 들어 현진건의 〈운수 좋은 날〉을 읽으며 1920 년대 일제 강점기의 궁핍화 현상 등을 작품과 연결하여 탐구하는 관점 이라 할 수 있다.

※ 다음 글을 읽고 물음에 답하시오.

빈 도시락마저 들지 않은 손이 홀가분해 좋긴 하였지만, 해방촌 고개를 추어 오르기에는 뱃속이 너무 허전했다.

산비탈을 도려내고 무질서하게 주워 붙인 판잣집들이었다. 철호는 골목으로 접어들었다. 레이션 곽을 뜯어 덮은 처마가 어깨를 스칠 만치 비좁은 골목이었다. 부엌에서들 아무 데나 마구 버린 뜨물이, 미끄러운 길에는 구공탄 재가 군데군데 헌데 더뎅이 모양 깔렸다.

저만치 골목 막다른 곳에, 누런 시멘트 부대 종이를 흰 실로 얼기설기 문살에 얽어맨 철호네 집 방문이 보였다. 철호는 때에 절어서 마치 가죽 끈처럼 된 헝겊이 달린 문걸쇠를 잡아 당겼다. 손가락이라도 드나들만치 엉성한 문이면서 찌걱찌걱 집혀서 잘 열리지 않았다. 아래가 잔뜩 잡힌 채 비틀어진 문틈으로 그의 어머니의 소리가 새어 나왔다.

"가자! 가자!"

미치면 목소리마저 변하는 모양이었다. 그것은 이미 그의 어머니의 조용하고 부드럽던 그 목소리가 아니고, 쨍쨍하고 간사한 게 어떤 딴 사람의 목소리였다.

문을 열고 들어서는 철호의 얼굴에 걸레 썩는 냄새 같은 것이 확 풍겨왔다. 철호는 문 안에 들어선 채 우두커니 아랫목을 내려다보고 있었다.

– 이범선, 〈오발탄〉 중에서

3. 윗글의 시점은 무엇이며, 공간적 배경은 어디인가?

4. 앞의 글을 그대로 영상으로 담아낸다고 할 때 고려할 점으로 적절하지 않은 것은?

① 언덕배기에 있는 빈민촌을 배경으로 설정해야 해.

② 동네가 허름하다는 것을 잘 보여 주기 위해 비좁은 골목길이나 너저분한 거리 등을 잘 표현해야겠어.

③ 시대 배경을 잘 보여 주기 위해서 미군 부대에서 나온 종이 박스 같은 걸로 지붕을 덮는 것도 좋을 것 같네.

④ 철호라는 인물의 시선을 따라 카메라가 움직이되 우울한 철호의 얼굴도 담아 주자.

⑤ 어머니의 모습을 가까이에서 찍으면서 '가자!'라는 말은 음향 효과로 처리해야 할 것 같아.

소설가는 왜 쓰고 우리는 왜 읽는 걸까?

윤흥길의 〈기억 속의 들꽃〉을
읽으며 알아보는
소설의 역할

첫 수업에서 우리는 소설이 허구라는 것을 이야기했다. 심하게 말하면 '거짓말'이라는 것이다. 꾸며진 거짓말이고 그럴듯한 거짓말이라고 하면서 우리는 그 거짓말을 읽고 슬퍼하고, 분노하고, 기뻐하고, 가슴 졸이기도 한다. 작가는 왜 그 거짓을 쓰고, 왜 우리는 소설을 읽는 것일까? 소설이 맡고 있는 역할이 있기 때문일 것이다. 즉 소설이라는 문학이 존재하는 의미가 있기 때문이다.

오늘은 윤흥길의 〈기억 속의 들꽃〉을 읽으며 소설의 역할에 대해 생각해 보기로 하자.

만경강 다리 때문에 우리 마을에는 유난히 피난민이 많았다. 다리를 건너 남쪽으로 내려가기 때문이다. 그들은 옷이나 금붙이 등을 먹을 것과 바꿨고, 빈털터리인 사람들은 동냥을 하거나 어린애를 앞세워 구걸을 하기도 했다.

마을 어른들은 피난민을 별로 달가워하지 않았고 어머니의 인심도 점점 얄팍해졌다. 어린 '나'는 세상 끝에서 끝까지 깃털처럼 떠다니는 피난민이 부러워서 우리도 피난 가자고 아버지를 졸라댔다.

만경강 다리가 폭격으로 잘리자 아버지는 드디어 피난을 가라고 허락했다. 아버지와 어머니는 집을 지키고 누나와 나, 할머니는 삼십여 리 북쪽 산골에 있는 고모네 집을 향해 걸었다. 가는 도중에 인민군을 만나 우리는 길을 빙 둘러 집으로 돌아갔다.

아, 〈기억 속의 들꽃〉은 6·25 전쟁 당시를 배경으로 펼쳐지는 소설이구나. 피난민 이야기, 인민군 등이 나오는 걸 보니 금방 알 수 있다. 전쟁 하면 수많은 사람이 죽고, 다치고, 여기저기 폭파되는 장면이 떠오른다. 이 작품에서 그런 처참한 장면은 전면에 드러나지는 않지만 헐벗은 피난민의 모습, 폭격으로 트라우마를 지닌 주인공 등의 모습에서 전쟁의 처참함을 엿볼 수 있다. 그뿐만이 아니다. 이야기를 풀어 나가는 어린 '나'와 어머니의 상반된 모습도 볼 수 있다. 나는 전쟁의 삭막함이나 피난민이 들끓는 상황에 아랑곳없이, 피난민을 부러워하며 피난을 가고 싶어 한다. 피난을 무슨 여행이나 놀이처럼 생각하는 듯하다. 길에서 인민군을 만나 상황은 좀 달라졌지만…….

순진한 아이의 모습과 달리 어머니는 인심이 얄팍해졌다. 전쟁이라는 상황은 사람들을 점점 이기적이고 매몰차게 만드는 것이다.

피난길에서 돌아오던 때 나는 한 아이를 만난다. 꼭 계집애처럼 생긴 애가 "얘! 엊저녁부터 굶었더니 배고파 죽겠다. 너희 엄마한테 밥좀 달래자."며 막무가내 우리집으로 향한다. 어머니는 왜 데려왔냐고 화를 내며 밥이 없다고 매몰차게 말한다. 그런데 이게 웬걸. 아이가 길에서 금반지를 주웠다며 내놓자 대접이 달라진다. 명선이는 함께 피난 온 친척들이 버리고 간 아이라고 했다. 명선이는 숙부가 자기를 죽이려 해서 도망쳤다고 말하지만…….

명선이는 친구들과의 싸움에서는 번번이 이겼다. 할퀴고 울고 맥을 못 추다가 밑에만 깔리면 괴성과 함께 무서운 힘으로 상대방을 벌렁 자빠뜨리는 것이다. 명선이는 피난 오던 이야기를 했다. 명선이는 부모가 죽던 순간에 깔려 있었다고 한다.

어머니가 밥을 축내는 명선이를 슬슬 짐스러워 하며 쫓아낼 궁리를 하며 구박하기 시작할 때쯤 명선이는 또 하나의 금반지를 내놓는다. 어디서 났냐고 아버지가 꼬드기며 물어도 명선이는 대답을 안 했다. 동네에는 그 애가 금가락지를 열 개도 넘게 갖고 있다는 소문이 퍼졌다.

어느 날 밤 사라졌던 명선이가 당산 숲속에서 발견되었다. 알몸인 채 당산 숲속 나무에 올라가 비명을 지르고 있었다. 아마도 자기를 해코지하려는 사람들을 피해 도망한 듯했다. 명선이는 여자애였다.

그리고 명선이가 매고 있던 패찰을 읽은 아버지는 더더욱 명선을 감싸며 동네 사람들에게 호통을 친다. 원수질 생각 아니면 터럭 손

하나 건들지 말라고. 패찰에는 '무남독녀 외딸을 잘 보살펴 달라. 은혜는 꼭 갚겠다. 저 먹을 건 다소 딸려놨다.'는 내용이 적혀 있다고 했다. 내게는 명선이가 달아나지 못하게 잘 감시하라는 임무가 주어졌다.

전쟁의 아픔이 조금씩 드러난다. 명선이라는 아이는 폭격에 맞아 돌아가신 엄마 밑에 깔려 있었다. 비행기 폭격 소리와 그때 돌아가신 부모님. 부모님 시체 밑에 깔린 채 살아난 어린아이. 정말 큰 상처이다.

그러나 세상의 어른들은 부모를 잃은 어린아이를 다독여 주고 지키기는커녕 그 아이가 가진 금반지에만 눈독을 들인다. 옷까지 **빼앗기고** 나무에 올라가 울부짖는 아이는 상처 지닌 생명이 아니라 금반지를 지닌 탐욕의 대상이었다.

이렇게 소설은 세상을 이야기하고 인간을 이야기한다. 특히 이 소설은 6·25 전쟁이라는 시대적 상황이 사람들의 삶을 얼마나 파괴했고, 인간성의 안 좋은 부분을 얼만큼 더 드러나게 했는가를 보여 준다. 우리는 이 소설을 읽으며 제대로 된 세상이 아니구나, 제대로 된 인간들이 아니구나 하는 생각을 한다. **세상과 인간에 대해 더 깊이 생각하는 것이다.**

식구들은 명선이에게 친절했고, 나는 명선이와 잘 어울려 놀았다. 명선이는 사내아이 뺨치게 나무도 잘 오르고, 헤엄도 잘 쳤다. 심심할 때면 명선이는 나를 끌고 끊어진 만경강 다리에 가곤 했다. 배짱이 커서 마치 곡예를 하듯 허공을 가로지른 철골을 건너기도 했다.

어느 날 나와 둘이 다리에 갔을 때 명선이는 거대한 교각 바로 위 무너져 내리다만 콘크리트 더미에 핀 꽃의 이름을 물었다. 나는 아무렇게나 말했다. '쥐바라숭꽃'이라고. 명선은 그 꽃을 꺾어 머리에 꽂았지만 바람에 날려 꽃은 흙탕물에 떨어졌다.

두 번째 이후 명선이는 더 이상 가락지를 내놓지 않았다. 아버지와 어머니가 숨겨둔 데를 찾기 위해 명선이를 어르고 달랬지만 명선이는 도리질만 했다.

가을이 되면서 인민군이 북쪽으로 쫓겨 올라간다는 소문이 돌았다. 전쟁이 끝나면 명선이 숙부도 곧 올라올지 모른다는 생각에 어머니는 더욱 조바심을 냈다. 어떻게 해서든 숨겨둔 데를 찾을 기세였다.

어느 날, 그날도 나와 명선이는 부서진 다리에서 놀고 있었다. 명선이가 앙상한 철근을 타고 거미처럼 지옥의 가장귀를 향해 조마조마하게 건너갈 때 폭음을 내며 비행기들이 지나갔다. 어, 쟤는 비행기 폭음을 무서워하는데……. 돌아보니 명선이는 한 송이 쥐바라숭꽃이 떨어지듯 강으로 떨어지고 있었다.

얼마 뒤 오후 나는 혼자서 철골을 타고 건너 보았다. 생땀을 질질 흘리며 바람에 불안스럽게 흔들리면서도 결국은 해냈다. 그리고 낚싯바늘처럼 꼬부라진 철근에 칭칭 동여맨 헝겊 주머니를 보았다.

내 손은 마구 떨렸다. 말갛게 빛을 발하는 가락지! 그 순간 나는 그 것을 송두리째 강물에 떨어뜨리고 말았다.

아, 명선이가 이렇게 전쟁 속에서 스러져 갔구나. 작가는 내가 쥐바라숭꽃이라 이름 붙인 꽃이 명선 머리에 꽂혔다가 저 아래 물결로 떨어지는 모습을 그려 낸다. 그리고 폭격에 끊어진 다리를 아슬아슬하게 건너다 폭격 소리에 놀라 강물로 떨어진 들꽃 같은 소녀를 그려 낸다. 이 모든 것을 보아 온 '나'가 명선이의 금가락지 주머니를 발견하고, 놀라 그것을 떨어뜨리는 모습을 그려 낸다. 명선이는 전쟁의 광풍 속에서 한 송이 연약한 들꽃처럼 바람에 나부끼며 가 버렸다. 순진한 아이였던 '나'는 전쟁을 겪었고, 전쟁으로 상처받은 한 아이를 보았다. 전쟁은 순진한 아이들에게 끔찍한 경험을 하게 하고, 인심 넘치는 마을을 탐욕으로 가득하게 했다.

소설을 읽으며 독자들도 바뀌었다. 우리 역사에 이런 전쟁이 있었구나. 사람들을 이념에 따라 나눠 싸우게 하고, 죽게 하고, 고아를 만들어 내고, 사람들의 인성을 파탄내고…….

이런 일이 있으면 안 되겠다. 세상은 더 나아져야겠다. 그렇게 **우리는 더 나은 세상을 꿈꾼다.**

한 가지 더 생각해 보자. 이 소설은 다음과 같이 시작한다.

"한 떼거리의 피난민들이 머물다 떠난 자리에 소녀는 마치 처치하기 곤란한 짐짝처럼 되똑하니 남겨져 있었다. 정갈한 청소부가 어쩌다가 실수로 흘린 쓰레기 같기도 했다. 하얀 수염에 붉은 털옷을 입고 주로 굴뚝으로 드나든다는 서양의 어느 뚱뚱보 할아버지가 간밤에 도둑처럼 살그머니 남기고 간 선물 같기도 했다."

줄거리를 보면 명선이는 시간상 좀 뒤에 나오는데…… . 맞다. 작가는 짐짝처럼, 쓰레기처럼, 아니면 선물처럼 남겨진 전쟁고아 명선이를 맨 앞에 소개한다. 그리고 시간을 다시 거슬러 올라가 이야기를 서술해 간다. **역순행적 구성**인 셈이다.

소설의 중요 인물이며 작가가 말하고자 했던 수많은 이야기를 간직한 한 소녀를 맨 처음 내세운다. 우리는 '기억 속의 들꽃'이라는 제목과 한 소녀를 연결 짓는다. 읽는 내내 그 소녀에 대해 궁금해 하면서.

또 하나 이 소설의 서술자 '나'는 아픈 회상처럼 이야기를 풀어간다. 어린 시절, 전쟁이 일어났어. 그때 한 소녀가 있었고, 이런 일이 있었지. 전쟁으로 끊어진 다리 위에서, 그 소녀는 전쟁의 희생자가 되어 꽃잎처럼 떨어져 갔어!

오늘 수업 열쇠말

1. 삶과 사회에 대한 통찰

소설은 인생을 돌아보게 만드는 문학이다. 소설에는 사람들이 언제, 어디서, 어떻게 살아갔는지가 담겨 있다. 삶의 이야기는 사회나 역사 또는 환경 등의 주변 상황과 관련이 있다. 사회적 상황이 분명하게 드러나지 않더라도 인물들이 처한 그 나름대로의 사회 상황이 담겨 있고, 이런 이야기를 통해 우리는 인간의 삶과 인간 사회를 깊이 생각하게 된다.

2. 독자의 깨달음과 성장

소설을 읽는 독자는 소설 속에 전개되는 이야기를 통해 세상과 인생에 대해 깨닫고 그 깨달음은 독자를 성장하게 한다.

3. 진실한 삶의 추구

이런 깨달음과 성장은 글을 쓰는 작가와 읽는 독자 모두 진실한 삶이 무엇인지, 우리는 어떻게 살아야 하는지를 생각하면서 진실한 삶을 향해 한 걸음 내딛게 한다.

4. 서사의 힘

소설은 이야기다. 독자는 소설을 읽으며 그 이야기에 빠진다. 이야기 속에서 울고 웃고 공감할 수 있게 만드는 것, 그것이 바로 서사, 이야기의 힘이다.

〈기억 속의 들꽃〉

우리 기억 속에 들꽃처럼 피었다 사라진 존재가 있을까? 이 소설은 '나'라는 서술자가 6·25 전쟁 당시 자기 집에 머물렀던 피난민 고아 소녀의 추억을 회상 형식으로 서술한 단편 소설이다. '나'라는 서술자가 명선이를 관찰하듯 그려 간 1인칭 관찰자 시점의 소설이다. 6·25 전쟁이라는 시대적 배경 속에서 만경강 다리 근처의 시골 마을을 공간적 배경으로 펼쳐진다.

이 소설의 등장인물은 크게 세 부류로 나뉜다. 서술자 '나'는 어리숙하고 순진하다. 명선이는 영리하고 배짱도 있지만 폭격 중에 부모님을 잃은 상처를 지닌 인물이다. 그러면서 재물 때문에 목숨을 노리는 숙부에게 도망쳐야 했고, 어른들 탐욕 속에서 줄타기하듯 위태롭게 살아간다. 부모님과 동네 어른들, 명선이의 이야기 속에서 등장하는 명선이의 숙부 등은 자기 이익을 위해 수단 방법을 가리지 않는 파렴치한 어른들로 인간성이 파괴된 모습을 보인다.

이 소설을 통해 우리는 전쟁이 사람들의 목숨을 빼앗아 가고 삶의 터전을 무너뜨림은 물론 인간성을 상실하게 하고, 인간에 대한 연민과 공감조차 무너뜨리는 것을 실감할 수 있다.

무너진 다리를 위태롭게 건너는 명선이의 모습은 바로 전쟁이라는 상황 속에서 아슬아슬하게 살아가는 연약한 삶이다. 전쟁의 폭격은 그 위태로운 삶마저도 사라져 버리게 했다.

윤흥길의 작품 세계

윤흥길은 1942년 전라북도 정읍에서 태어났다. 작가 자신이 실제 6·25 전쟁 당시 아홉 살 정도의 어린아이였고, 어린이의 눈으로 전쟁으로 인한 크고 작은 비극을 목격했다.

그의 작품에는 어린이 서술자가 자주 등장한다. 1973년 발표한 〈장마〉는 한 소년의 눈을 통해 대립하는 민족의 모습을 보여 준다.

장마가 계속되던 어느 날, '나' 동만의 집에 국군 소위로 전쟁터에 나간 외삼촌의 전사 연락이 온다. 피난 와 동만의 집에 머물고 있던 외할머니는 빨치산에 대한 저주를 퍼붓는다. 이념의 갈등처럼 보이는 두 할머니의 갈등은 토착 신앙이라는 우리 민족 정서, 어머니의 사랑이라는 인간의 보편적 정서를 통해 화해에 이른다.

〈종탑 아래에서〉라는 소설도 어린이 서술자가 등장한다. 어른이 되어 회상의 형태로 진행되는 이 작품에서도 전쟁으로 인해 고아가 되고 그 충격으로 눈이 먼 한 소녀의 이야기가 추억담 형태로 이어진다. 전쟁의 폭력과 상처가 따뜻한 공감과 연민으로 치유될 수 있음을 보여 주는 작품이다.

윤흥길 작가는 전쟁의 상처와 치유를 다루는 작품, 산업화 시대의 모순과 서민들의 아픔을 다룬 작품 등을 쓰면서 우리 역사와 사회를 보여 주었고, 그 극복의 길을 제시하는 작가이다.

확인해 볼까?

1. 〈기억 속의 들꽃〉에서 끊어진 만경강 다리 아래로 떨어진 세 가지는 무엇인가?

2. 〈기억 속의 들꽃〉을 읽고 맞는 것을 골라 보자.

- 이 소설의 시점은 (1인칭 주인공 시점, 1인칭 관찰자 시점)이다.
- 이 소설은 (일제 강점기, 6·25 전쟁 시기)를 배경으로 한다.
- 이 소설의 공간적 배경은 만경강 다리 근처 시골 마을이다. (O, X)
- 나는 전쟁 상황이 악화되어 피난을 갈까 봐 두려웠다. (O, X)
- 명선이는 서울에서 온 피난민이다. (O, X)
- '나'의 부모님은 명선이에 대해 연민과 동정의 마음을 갖고 있다. (O, X)
- 명선이는 가락지가 든 주머니를 부서진 다리 끝 구부러진 철근에 몰래 숨겨 두었다. (O, X)

3. 다음 중 소설의 기능과 가장 거리가 먼 것은?

① 소설이라는, 현실에서 있을 법한 이야기를 읽으며 독자는 공감을 하기도 하고 독서의 즐거움을 느끼기도 한다.

② 소설은 우리가 사는 사회, 살아온 역사를 되돌아보게 한다.

③ 소설은 독자에게 깨달음을 주고 진실한 삶을 추구하게 한다.

④ 소설은 우리가 고민하는 현실적 문제를 잊게 하고, 권위에 순응하게 한다.

⑤ 소설은 인간에 대한 관심을 일깨워 주고, 진정한 인간성에 대해서도 생각하게 한다.

4. 다음과 같은 소설의 기능이 가장 잘 드러나는 감상 내용을 골라 보자.

> 소설은 이야기다. 독자는 소설을 읽으며 그 이야기에 빠진다. 이야기 속에서 울고 웃고 공감할 수 있게 만드는 것, 그것이 바로 서사, 이야기의 힘이다.

① 현진건의 〈무영탑〉을 읽고 예술가의 장인 정신에 대해 생각해 봤어. 나도 혼신의 열정을 기울일 만한 일을 찾고 싶다는 생각도 했고.

② 주요섭의 〈사랑손님과 어머니〉를 읽었어. 때로는 사회적 상황이 사랑을 막는 장애물이라는 생각을 하게 되더군.

③ 전광용의 〈꺼삐딴 리〉는 시대에 따라 변절하는 인물을 다룬 소설이야. 세상에는 참 다양한 인간들이 살고 있는 것 같다.

④ 성석제의 〈내가 그린 히말라야시다 그림〉은 삶 속에서 우리가 하게 되는 선택의 문제를 고민하게 만들었어. 이 작품을 읽고 순간순간의 선택 앞에서 성찰하는 나를 발견하게 돼.

⑤ 윤흥길의 〈기억 속의 들꽃〉을 읽으면서 이야기가 어떻게 전개될지 흥미진진하고 조바심이 나더라. 명선이가 어른들의 욕심 속에서 잘 버텨 낼지도 걱정됐어.

정답

18~19쪽
1. 소설
2. ①
3. ⑤
4. 1) 아사달 2) 아사녀 3) 주만(구슬아기) 4) 경신

32~33쪽
1. 화자(서술자), 일치하지 않는다.
2.

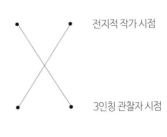

3. 시점은 1인칭 주인공 시점으로 바뀐다. 옥희가 서술자일 때는 어머니의 심
   리 상태가 자세히 서술되지 않지만 1인칭 주인공 시점이 되면 자기 감정을
   더 솔직하게 드러낼 것이다.

4. 1인칭 관찰자 시점. 작품 속 화자인 '나(여余)'가 익호라는 인물에 대해 서술하고 있으며, 익호가 이 작품의 중심인물이라 여겨지기 때문이다.

47쪽

1. 인물

2. ④

3. 1) ○ 2) × 3) ○

4. 다양한 인물들을 찾아보자.
   예시) 소설가 이광수는 한때 독립운동에 뜻을 두어 일본에서 2·8 독립 선언서를 작성하기도 하고, 계몽 정신이 담긴 〈무정〉 같은 작품을 썼으나 일제에 협력하여 창씨개명을 하고, 젊은이들에게 천황의 군대에 나가라고 하는 등 친일 행위를 했다.

60~61쪽

1. 1) 묘사, 서술 2) 직접적, 간접적

2. ②

3. 1) 대화 2) 간접적 제시

73쪽

1. 배경

2. ③

3. ④

86~87쪽

1. 주제

2. ③

3. 서술자, 시간적, 공간적, 선택, 선택

4. 소년은 자기가 그리지 않은 그림이 상을 탔지만 그 사실을 밝히지 않는다.
   소녀는 자기 그림이 소년 이름으로 상을 받았지만 그 사실을 모른 체한다.

102~103쪽

1. 액자식 구성
2. ②, ⑤
3. ⑤
4. (가)는 순행적 구성, (나)는 역순행적 구성이다.

116~117쪽

1. ③, ⑤
2. 1) 외적 갈등 2) 민 노인 vs 민대찬·그의 아내, 민대찬 vs 성규
3.

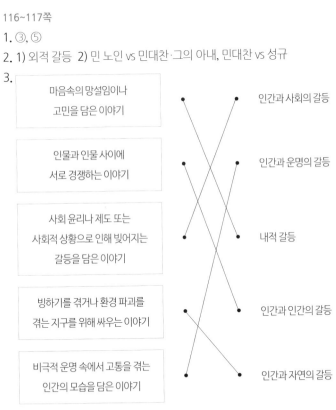

마음속의 망설임이나 고민을 담은 이야기	인간과 사회의 갈등
인물과 인물 사이에 서로 경쟁하는 이야기	인간과 운명의 갈등
사회 윤리나 제도 또는 사회적 상황으로 인해 빚어지는 갈등을 담은 이야기	내적 갈등
빙하기를 겪거나 환경 파괴를 겪는 지구를 위해 싸우는 이야기	인간과 인간의 갈등
비극적 운명 속에서 고통을 겪는 인간의 모습을 담은 이야기	인간과 자연의 갈등

131~133쪽

1.

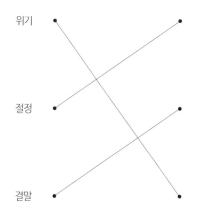

발단 ————— 인물과 배경이 소개되고 사건의 실마리가 보이며 사건의 방향을 짐작할 수 있다.

전개 ————— 사건이 점차 발전하면서 갈등의 실마리가 보인다.

위기 ————— 갈등이 고조되고 사건의 긴장감이 높아 간다.

절정 ————— 긴장과 갈등이 최고조에 이르며 주제도 가장 잘 드러난다.

결말 ————— 얽혔던 사건이 결말에 이루고 갈등이 해소된다. 비극적이든, 행복하든 작품이 끝맺게 되는 것이다.

2. 열린 결말을 보이는 소설이라 할 수 있다. 사건이 확실하게 매듭지어졌다기 보다는 독자가 여러 가지 상상을 하도록 만들기 때문이다. 친구에게서 목걸 이를 돌려받고 다시 행복하게 살지, 지난 세월에 대해 더 허망함을 느낄지, 잃어버린 세월과 젊음에 대해서 어떻게 생각할지 등등, 독자는 많은 상상을 할 것이다.

3. ②, ③
   ② 소녀에 대한 소년의 그리움을 표현한 것이라 볼 수 있다.
   ③ '잔망스럽다'는 '얄미울 만큼 맹랑하다.'는 뜻을 지닌다. '여간 ~하지 않다.' 는 강조하는 표현이다.

147~149쪽

1. ①
   잡아채다, 지게막대기 등은 사투리가 아니다.
2. 의성어, 의태어 같은 음성 상징어의 사용이 두드러진다. (의성어 : 소리를 본뜬 말, 의태어 : 모양이나 동작을 본뜬 말) 간결한 문장과 음성 상징어, 반복 등으로 운율감이 느껴진다.
3. 작가의 태도와 가치관을 드러내고, 작품 전체의 분위기를 형성하며, 작품의 주제를 간접적으로 드러내 주는 것이다.
4.

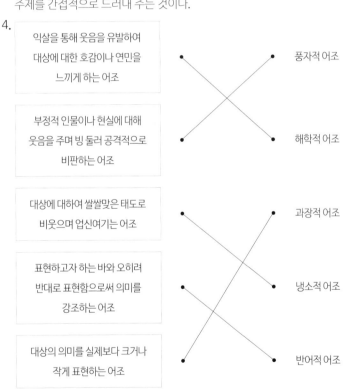

163~165쪽

1. 내재적

2. ③

3. 전지적 작가 시점, 해방촌

4. ⑤

178~179쪽

1. 쥐바라숭꽃, 명선, 명선이의 가락지 주머니

2. 1인칭 관찰자 시점, 6·25 전쟁 시기, O, X, O, X, O

3. ④

4. ⑤

알면 만만해 중학 국어 소설

1판 1쇄 펴낸날 2023년 12월 20일
지은이 강혜원
펴낸이 김상원 정미영
펴낸곳 상상정원
출판등록 제2020-000141호
주소 (05691)서울시 송파구 삼학사로 6길 33, 1층
전화 070-7793-0687
팩스 02-422-0687
전자우편 ss-garden@naver.com

ⓒ 강혜원, 2023

ISBN 979-11-92554-05-1 53700